KB053045

작은 내 사업 성공으로 이끄는
영업의 기술

작은 내 사업 성공으로 이끄는
영업의 기술

노현숙 지음

마음세상

들어가는 글

탁탁 따다닥. 매일 아침 고객에게 가서 내가 하는 행동이다. 녹즙 병을 들고 손바닥에 2번 치고 병뚜껑을 따고 고객에게 내민다. "난 이 소리를 들으면 행복해집니다." 라고 말하는 고객 덕분에 힘을 얻는다. 마치 '행복을 따 드려요.' 하는 것 같다고 고객이 말했다. 글을 쓴다고 했더니 어떤 내용이냐는 질문에 "제 인생 이야기를 하고 싶었어요." 라고 했다. 고객은 "아! 이 녹즙 한 병에 철학이 담겨 있군요!" 라고 말한다.

요즈음은 고졸이 그렇게 많지 않다. 대부분이 대학을 졸업하고 대학원에서 석박사 학위를 취득하고 여러 가지 자격증을 가지고 다양한 분야에서 자신의 능력을 뽐내며 끊임없이 일한다. 그것에 그치지 않고 많은 사람들이 배우고 책을 읽으며 자신을 발전시키고 있다.

그런데 주부라는 이름으로 많은 일을 하면서도 주부이기에 당연하게 일하는 것으로 생각하고 인정해 주지 않는 것이 현실이다. 주부 자격증이 있는 것도 아니고 육아 자격증이 있는 것도 아니다. 그것이 중요하지 않아서가 아니다. 그저 당연하게 생각하고 당연하다고 받아들여지고 있다.

어릴 때부터 우리는 그렇게 교육을 받았다. 여자라는 이유로, 주부라는 이유로 숨겨지고 잊혀져가며 지금 이렇게 자신없게 살아가고 있다.

열심히 공부했고 공부하고도 거리가 먼 일에도 열심이었다. 그런데 왜 나는 제자리인 것 같고 나만 뒤떨어진 것 같은 생각을 버릴 수 없었을까? 도대체 나는 누구일까? 나는 지금 무엇을 하고 있나! 한심했다. 두려웠다. 뒤늦게 사회에 뛰어든다는 두려움으로 몸서리를 치고 있었다.

잘 할 수 있을까? 괜히 식구들이나 친구들에게 '살림이나 잘하지.' 란 이야기를 듣는 것은 아닌지……. 그것을 이겨내야만 나도 무엇인가 할 수 있지 않을까 하고 시작한 주부 알바. 그러다 1인 창업인 녹즙 일을 시작한 것이다. 그동안의 경험과 아이디어 그리고 나만의 노하우는 선물이었고 나의 성실함의 대가였다. 노력으로만 이루어지는 것은 아니었고 그것은 나에게 찾아와 준 선물이었는데 그것을 맞이한 것은 용기였고 실천력이었다.

작게만 느껴졌던 나의 경험과 노하우가 당연시 되고 숨겨져 있고 잊혀지고 있는 주부들이나 여성들에게 용기를 줄 수 있을까? 더 나아가 1인 창업을 꿈꾸는 사람에게 도움이 될 수 있을까? 그렇게 생각했던 것이 책 쓰는 것의 출발이었고 내가 그냥 흘러가는 냇물처럼 흘러가도록 내버려 두면 흘러 큰물을 만나면 나의 경험은 사라질 것이고 내가 겪어오고 쌓아온 노하우가 그 물에 섞여서 사라지고 말 것이라는 생각이 들었다. 내 경험과 노하우가 남들에게는 작은 것일 수 있으나 나에게는 나만이 갖고 있는 장점이고 실력일 수 있고 나 같은 처지에 있고 방황하는 사람들에게는 힘이 될 수 있지 않을까 해서 이 글을 쓰게 되었다.

세상은 혼자 살 수 없다. 사람은 사회적 동물이기에 서로 나누고 협력해야만 살아갈 수 있다. 그래서 내가 겪은 인생 이야기, 녹즙 한 병에 인생 이야기를 해 보려고 한다. 인생에 있어서 여러 가지 맛이 있다고 생각한다. 마치 녹즙과 같다. 쓴맛, 단맛, 짠맛, 새콤한 맛.

녹즙 한 병에 어떤 사람은 쓴맛만 느끼고 또 어떤 사람은 그 뒤에 감춰진 단맛을 느끼고 또 어떤 사람은 짠맛을 느낀다고 녹즙에 그렇게 많은 맛이 있느냐고 물을 수 있으나 잘 음미해 보면 계절마다 조금씩 그 맛이 강해졌다가 흐려졌다가 할 뿐이지 쓴맛, 단맛, 짠맛이 늘 들어있는 것은 꼭 우리네 인생과 같다. 사람들은 살면서 쓴맛에 힘들어 하면서도 당당히 맞서기도 하고 회피하며 도망치기도 한다. 또 행복한 때를 즐기며 인생의 단맛을 느끼고 행복해 하는 사람도 있고 그것이 행복인 줄 모르고 지나쳐 버리는 사람 또한 있을 것이다. 여러 상황 속에서 물질이나 여러 가지로 짠맛을 느끼고 힘들어 하는 이 또한 있을 것이다.

20년 녹즙을 배달하면서 인생을 배달했고 행복을 배달했고 건강을 배달한 내가 나의 당당함을 전하고 싶었다. 배달 일을 우습게 여기는 사람도 있고 하찮게 여기는 사람도 있다. 배달하면서도 아이들에게 인정받는 엄마다. 자식에게 "난 엄마처럼 당당하고 자신감 있게 살고 싶어요." 라는 말을 들으며 이 일을 귀하게 여기고 감사하면서 즐겼던 것 같다. 아니, 즐기고 있다.

새벽 3시에 기상하는 일은 쉽지 않으나 일찍 일어나 자기계발을 위해 여러 가지를 배우고 열정을 다 한 이야기를 낱낱이 적어본다. 인생 이야기라고 해서 돈을 많이 번 사람들만 쓰는 것이라 생각했지만 그렇지 않았고 나도 할 수 있는 일이었고 그것이 용기가 조금 필요한 일이지 누구든지 도전할 수 있다. 내가 경험한 것은 그 누구도 겪을수 없는 유일한 것이기에 비슷한 마음, 비슷한 경험을 하는 이들에게 용기를 주고 싶었다. 이 책을 읽으면서 읽는 독자들은 녹즙을 배달하면서 인생을 배달한 한 여인의 인생 이야기를 접할 것이다. 뭐 그리 대단하다고 할 수는 없으나 나에겐 그 무엇보다 대단하고 값진 일이고 행복이고 보람이다. 누구에게나 있는 시련일 수 있고 누구나에게 있는 아픔일 수 있으나 모두가 대처하는 방법은 다르다.

자, 나의 인생 배달 이야기를 한 번 시작해 보기로 하자. 한 분야에 20년이라는 시간을 투자하며 배우고 느끼고 힘들고 행복했던 순간을 글로 적으면서 이 글을 읽는 이들에게 행복과 희망을 새로운 길과 용기를 보여주고 싶다. 누구나 도전할 수 있으나 생각만으로는 안 되니 용기를 내어야만 한다. 기회의 신 카이로스가 왔을 때 그의 앞머리를 낚아챌 수 있는 것이다. "잠시만." 하고 생각하고 주저앉아있을 때 카이로스가 지나가 버리면 뒤 머리카락이 없는 카이로스를 잡을 기회를 이미 놓치고 마는 것이다. 이 책이 도움이 되었으면 하는 마음이다. 자본이 없다고? 기술이 없다고? 한탄만 하고 있지 말고 준비하라. 당신도 당당히 사업을 시작할 수 있고 그 사업으로 인해 돈을 벌 수도 있다는 사실을 잊지 말아야 한다.

들어가는 글 … 6

제1장 나에게도 자질이 있다

아버지로부터 100억 원의 가치를 받았다 … 13

높이 올라가기 위해 나는 움츠러야만 했다 … 19

라디오 방송을 타다 … 28

남편의 사업 실패, 금전적 암흑기 … 33

딸아이와의 첫 여행, 그 후로 홀로 세상에 나올 준비를 하다 … 41

좁힐 수 없는 거리 … 47

남의 편을 바르게 사랑하는 법 … 54

뒤늦게 찾아온 깨달음 … 60

제2장 변화의 과정 속에서 아팠던 이야기

내 사업의 시작점 … 65

알려라 알려 소문낼 수 있는 자신감 … 72

열등감을 뛰어넘다 … 78

판단 실수 … 83

신뢰하는 목소리 … 89

잘하는 일과 중요한 일 … 92

태권 무 … 96

제3장 성공으로 들어가는 좁은 문

꿈꾸고 준비하라 … 105

행동이 없이는 행복도 없다 … 109

일을 잘 저지르는 사람이 성공한다 … 114

1% 가능성에도 도전하라 … 119

인생의 내비게이션에 성공을 입력하라 ⋯ 123

규칙을 바꾸는 규칙 ⋯ 127

제4장 거울에 비친 나의 습관을 보라

질문을 잘하면 돈이 된다 ⋯ 135

타인을 움직이려 하지 마라 그들 스스로 움직이게 해라 ⋯ 140

세상을 둘러보아라 ⋯ 146

혼자 일하는 사람, 조직을 움직이는 사람 ⋯ 149

피하지 말고 당당하게 맞서라 ⋯ 155

정신을 차려라 내가 갑이다 ⋯ 161

실력으로 승부하라 ⋯ 167

제5장 성공을 위해 꼭 필요한 필수품

작은 소리에도 귀를 기울여라 ⋯ 174

한 살이라도 젊었을 때 도전하라 ⋯ 180

부자가 되는 길, 기왕이면 고속도로를 타라 ⋯ 184

지금이 인생을 역전할 기회이다 ⋯ 188

잘하는 것을 찾아서 성공하라 ⋯ 193

성공을 위한 체크 포인트 ⋯ 200

창업이 살 길이다 ⋯ 206

자신에게 투자할 줄 아는 사업가 마인드 ⋯ 211

성공을 부르는 1인 창업 ⋯ 217

말을 포장하라 ⋯ 222

관계 속에 존재하는 3가지 규칙 ⋯ 226

마치는 글 ⋯ 229

제1장
나에게도 자질이 있다

아버지로부터
100억 원의 가치를 받았다

어김없이 울려대는 알람소리에 눈을 떴다. 언제부터인가 아침에 일어나는 것이 힘들어 눈 뜨기가 무척 힘들었다. 달달한 아침잠의 유혹이 나를 일어나지 못하도록 유혹한다. 마치 침대와 한 몸이 되어버린 듯 일으킬 수 없을 만큼 힘들었다. 이 생활이 벌써 20년 아니, 졸업하고 곧 바로였던 것 같다.

문득 아버지가 생각났다. 사업을 한 번 실패한 아버지는 친구의 도움을 받아 친구 건설회사의 함밥집을 하고 있었다. 때로는 다리 밑에 가건물을 지어놓고 살기도 했고 어떤 때에는 허허벌판에 무허가 건물을 지어놓고 공사하러 오시는 분들의 식사를 해 주는 일을 했다. 그때에는 지금의 용산 전자상가 자리에 커다란 야채 도매시장이 있었다. 그 시장에서 아버지는 시금치를 사도 한 박스씩, 무도 커다란 자루에 한 자루씩 샀다. 들고는 오지 못하기 때문에 용달을 이용해서 집에 올 수밖에 없었다. 방학이 되면 아버지는 나를 용산 야채시장에 데리고 갔다. 나이는 어려도 아버지를 도와주겠다는 마음으로 새벽잠을 깨야 했고 무거운 야채박스를 낑낑대며 들었다. 불평 없이 새벽에 일어나는 나를 보시며 아버지는 대견해했고 무거운 박스를 들어보려고 애를 쓰는 나를 보며 아버지는 키가 자라지 못할까봐 못 들게 했다.

시장에서 물건을 다 사고 나면 시장 입구로 걸어 나오게 되는데 그곳에 토스트집이 있었다. 너무 먹고 싶어서 침을 꼴깍꼴깍 삼키고 있으면 아버지는 알면서도 모르는 척 그냥 걸어간다. 내가 어떻게 하는지 보느라 웃음을 참고 있을 것이다. 그런 나를 아버지는 무척이나 귀여워 하면서도 나의 행동을 지켜보았다. 아무튼 나는 실망한 채 터덜터덜 걸어가고 있으면 아버지가 말한다.

"숙아! 뭐 먹고 싶나?"

아버지는 경상도 의성 출신이라 사투리를 썼다. 왜 나는 그때 토스트라고 말을 못했을까? 아마도 피곤한 아버지가 다시 시장으로 걸어 들어가서 토스트를 사 먹으면 더 힘들까 걱정이었던 것 같다. 그리고 토스트 포장마차를 그냥 지나쳐버린 아버지가 야속했기도 했었다. 새벽시장까지 따라가고 아버지를 도와준 나의 마음을 모른 척한 아버지에게 화가 났다. 그러면 아버지는 사야 할 것을 빠뜨렸다고 하면서 아버지는 슬며시 다시 시장으로 들어가고 나는 아버지를 기다리고 있으면 아버지가 설탕 솔솔 뿌린 토스트를 들고 환하게 웃으며 왔다. 그러면 여지없이 이렇게 말했다.

"숙아, 넌 아무것도 안 먹는다고 했으니 이건 내 꺼다."

그러곤 토스트를 먹는 시늉을 했다. 어린 나는 아무 말도 못하고 그냥 서 있기만 했다. 그러면 어느새 내 눈가엔 눈물이 고이고 있었다. 네가 안 먹는다고 해 놓고 왜 우냐고 하며 토스트를 내민다. 토스트는 사각 식빵을 노릇노릇 구워서 설탕을 뿌리고 양배추와 야채를 계란에 섞어서 사각 토스트와 크기를 비

숫하게 구워서 빵과 빵 사이에 넣는다. 여기에서 포인트는 계란과 야채를 섞은 것을 뒤집개로 꾹꾹 누르면 찌익 소리가 나며 빨리 익는다. 그러면 입가에 침이 사르륵 고이게 된다. 설탕은 이미 녹아 계란과 빵 사이에서 자취를 감추고 없지만 그 맛은 고소하고 달콤함 그 차체다. 추운 겨울 아버지를 따라 새벽잠에 유혹을 뿌리칠 수 있었던 것은 아마도 그 토스트의 유혹때문이었을 것이다. 야속했다. 내 속을 태운 아버지가 야속했지만 딸을 사랑하고 딸의 귀여운 모습을 보고 싶었던 것 같다. 내 새벽 기상은 이렇게 어려서부터 시작되었다.

학창시절 수학여행 때에도 난 9시만 되면 졸았다. 그렇게 기다리던 수학여행이었는데 항상 새벽에 일찍 일어나는 것이 습관이었기 때문이다. 친구들은 한창 재미있게 놀아야 하는데 졸고 있는 나를 보며 별종이라고 놀려댔다. 세상에서 가장 무거운 것이 눈꺼풀이라고 했던가? 친구들은 밤늦도록 재잘거렸고 선생님의 강제소등에도 소곤거리느라 야단까지 맞고서야 잠이 들었는데 나는 일찍 잠이 들어 친구들의 이야기를 듣지 못해 나중에 물어 보기도 했다. 늘 아버지는 내게 아침에 일찍 일어나는 새가 먹이 하나라도 더 먹는다고 했다. 지금의 내 아침형 습관은 이렇게 이루어졌다. 100억의 가치 중 첫 번째라고 할 수 있다.

아버지는 성격이 급했다. 그렇다보니 아버지는 해야겠다고 마음을 먹으면 즉시 움직였다. 예를 들어 가게를 넓히겠다고 생각하는 순간 장마다 가게를 샀고 그 돈을 빌렸다. 시골에는 장이 서는데 5일장, 3일장이 있다. 지금도 경기도나 지방에 내려가면 지금도 그렇게 장이 서고 있다. 성남의 모란장은 4일, 9일, 14일, 19일, 24일, 29일 이렇게 서는데 다른 곳도 마찬가지다. 그러니 장마다 돌아가면서 장사를 할 수가 있는 것이다. 대부분의 사람들은 노점으로 돌아가면서 장사를 하는데 아버지는 각 장마다 가게를 냈고 그것을 돌아가면서 장사를 하고 나머지는 일하는 사람을 두고 장사를 크게 했다. 그것도 노점에서 폈다가 접었다가 하는 것이 힘들다고 하니 가게를 내게 되었는데 5개의 장마다 가게를 사고 그 가게에 옷으로 가득 채우면 그 돈이 굉장했다. 내 돈이 있어서 가게를 샀던 것도 아니고 돈을 빌려서 가게를 사고 물건을 넣고 하다 보니 무리를 하게 되었고 무리하다보니 망하게 된 일이긴 했지만 아버지는 마음을 먹으면 꼭 해냈다. 그것이 아버지가 내게 유산으로 물려준 두 번째 유산이 마음을 먹으면 즉시 움직이는 행동력이다.

위암에 걸렸을 때에도 아버지는 내 손을 잡고 결혼식에 들어가야 한다며 15년 간 암 투병을 했으나 기어코 암을 이겨냈다. 나중에는 주유소 아르바이트까지 할 정도였다. 정신력, 신념이 대단했다. 그런 아버지의 추진력, 신념, 정신력을 내가 물려 받다보니 내가 종종 듣는 이야기는 실천가라는 이야기를 많이 듣고 있다. 무엇인가 결심하고 결심한 것을 밀어 붙이는 데에는 내가 일가견이 있다. 가끔은 이 추진력 때문에 내 주변의 사람들이 힘들어 할 때가 간혹 있다. 또한 밀어붙이는 힘까지 세다 보니 가끔은 볼멘소리를 들을 때가 많이 있다. 이것 또한 아버지가 내게 준 100억 가치 중 세 번째가 아닌가 싶다. 지금은 리더의 자리에 있다 보니 이 추진력, 신념, 정신력은 내게 꼭 필요한 덕목 중 하나이다.

중학교 수업을 마치고 아버지를 돕기 위해 아버지 가게를 가다보면 아주머니들이 물건을 고르고 있었다. 그 당시 장사 품목은 그릇이었는데 여기저기에서 한꺼번에 손님이 몰리면 아버지 혼자 장사하는데 많이 힘이 드니 부족하지만 내가 가서 말을 시킨다. 아주머니들과 이야기를 나누고 필요한 것을 찾아준다. 때로는 "이거 깎아 주세요." 하면 내게 깎아 달라고 할까봐 내가 "아저씨, 이거 얼마에요?" 한다. 그러면 아주머니들이 나와 아버지를 바라보면서 이렇게 말했다. "붕어빵처럼 똑같이 생겼는데 무슨 아저씨야." 라고 그랬다. 나와 아버지는 많이 닮았다. 그런 이야기를 들을 때면 아버지는 내 머리를 쓰담으면서 이렇게 말한다. "생긴 것도 날 닮았고 장사하는 것도 날 닮았네!" 라고.

아버지의 장사수완을 많이 닮았다. 그런데 아버지의 말솜씨만 닮은 것이 아니라 정 많고 사람의 마음을 헤아릴 줄 아는 엄마를 닮기도 해서 내 장사수완은 아버지를 능가하는 것이라고 칭찬했다. 그때야 장사할 때이고 지금은 영업과 사업을 하니 고객과의 대화와 고객을 응대하는 것을 어려서부터 부모님으로부터 물려받은 큰 재산이고 재능이다. 이것이 아버지로 유산으로 받은 100억의 가치 중 네 번째인 것이다.

그러니 아버지는 내게 100억의 가치 그 이상의 것을 물려주었다. 학교를 졸업하고 나는 ○○자동차 지역 영업소에서 일하는 사람의 개인 사무실에 취직하게 되었다. 내가 하는 일은 아침에 출근해서 청소하고 나면 그 다음부터 기존에 자동차 영업소에서 차를 산 경험을 가지고 있는 사람에게 무작정 전화를 해서 차를 바꾸도록 유도하는 일을 하게 되었다. 지금의 콜센터에서 보험을 판매하는 것처럼 전화로 차를 파는 일이었다.

내가 차를 팔았을까? 못 팔았을까? 나는 두 분의 영업의 신을 부모님으로 둔 사람이라 그런지 입사해서 한 달 만에 3대를 팔았다. 큰 기대를 하지 않고 일을 맡겼던 영업소 직원들은 무척 놀라워했다. 물론 거기에 한 분은 내가 제일 좋아하는 우리 이모부였다. 어떻게 말해야 할지 배운 일도 없고 단지 부모님이 장사했을 때를 생각하고 무작정 전화해서 무연 휘발유 자동차가 나오니 차를 바꾸라고 말해야 했다. 난 금방 실력이 늘었고 얼굴을 보지 않고 전화로 하는 것이라 할만 했다. 사회 초년생이던 나는 사람 만나는 일이 두려웠기 때문이다. 두려움을 극복하는 것, 이것이 100억의 가치 중 다섯 번째이다.

내가 하고 싶은 이야기는 이것이다. 누구나 단점만 닮기는 어렵다. 어떻게 생각하느냐에 따라 단점이 장점이 되어 나를 성공하게 해 줄 것이다. 우리 아버지는 성질이 급해서 일도 잘 만들기도 했고 실수도 많아서 엄마에게 야단 맞기도 했다.

나에게는 끝까지 해 보려는 의지가 있었다. 그래서 내게 좋은 일이 자꾸 생기는 것 같다. 난 지금도 3시 30분이면 기상하는 새벽형 인간이다. 난 언제나 준비되어 있고 가장 많은 먹이를 먹게 될 것이다. 지금은 내 아이들에게 이렇게 이야기 한다. 내 아버지가 내게 말해 준 것처럼 "일찍 일어나는 새가 하나의 먹이라도 더 먹는다." 라고 말이다. 그리고 하나 더 "가장 높이 나는 새가 가장 멀리 본다." 이 말 까지 곁들인다면 성공할 자격을 갖춘 것이 아닐까 생각한다.

높이 올라가기 위해
나는 움츠려야만 했다

 래프팅을 해 본 경험이 있는가? 강에서 6명 정도의 사람을 태우고 물살에 배를 맡기고 노를 저으며 방향을 잡고 가는 스포츠이다. 몇 해 전 동강에서 래프팅을 한 적이 있었다. 어느 지점에 가면 지도자들이 사람들을 일부러 물에 빠뜨렸다. 그럴 때 주의 사항은 한번 쑥 물속에 들어가면 가만히 있으면 다시올라가니 허우적대지 말고 겁내지 말라는 것이었다. 물에 빠져 살려고 허우적 대다 보면 힘만 빠지니 구명조끼를 입었으니 겁내지 말고 물을 느끼고 물에 내 몸을 맡기면 된다고 했다. 처음 해 보는 나는 겁도 났고 물도 무서웠다. 우리 아이들을 보면 학교에서 몇 번 해 보았다고 하는데 나는 처음이라 무서웠다. 어느 지점에 가니 정말로 리드하던 사람들이 사람들을 일부러 빠뜨렸다. 나는 주의사항을 잘 기억하고 있었기에 쑥 내려갈 때 가만히 있었다.

 아무 소리도 들리지 않고 암흑 속에 나만 있는 것 같은 두려움에 휩싸였다. 조금 있으니 물소리가 요란하게 들리고 사람들의 소리가 시끄럽게 들려왔다.

안도의 한숨을 쉬고 배로 끌려서 올라갔다. 물에 빠졌을 때 마치 아주 깊은 새벽에 아무 소리도 들리지 않고 고요하고 깜깜한 상태였다. 그 순간 죽음이 이런 것일까 짧게 생각이 들 때쯤 내 몸이 물 밖으로 다시 올라왔다. 리더들은 한 사람, 한 사람을 건져 다시 배 위로 올려주고 있었다. 배 위에 올라와 숨을 몰아쉬며 생각했다. 조금 전 들었던 생각. 혼자이고 깜깜했고 고요했던 그것. 그것이 죽음일지도 모른다는 생각이 들었다. 허우적거리지 않고 물에 내 몸을 맡기면 다시 올라오는 것인데 살아보겠다고 온갖 힘을 쓰고 몸에 힘을 주니 물 밖으로 빠져나오지도 못하고 기운만 빠지는 것이구나!

그날 의사 선생님을 만나고 있을 때가 마치 깊은 물속에서 빠져서 아무 소리도 들리지 않고 혼자였던 그때 "노현숙 님! 노현숙 님!" 하는 소리에 정신이 들었다. 아직도 멍했다. 도대체 뭐라고 하는 것인지 간호사 선생님이 "괜찮으세요?" 라고 묻는다. 나는 괜찮다고 했고 다시 듣고 싶었다. 도대체 믿기질 않았기 때문이다.

"선생님, 뭐라고 했어요? 암이라고요?"

"네, 유방암입니다."

도대체 내가 왜? 착한 일을 많이 하지는 않았지만 열심히 살았고 남에게 해되는 일은 하지 않았는데 왜 나냐고 울부짖고 싶었다. 난 기름기도 싫어하고 아이 셋도 모유로 키웠는데 그러면 확률이 적다면서……. 진짜인가? 선생님이 할 일이 없어서 내게 장난하지도 않을 텐데……. 제가 진짜 암이에요? 장난이죠? 길 가는 사람에게 아무나 붙잡고 물어보고 싶었다. 내가 왜요? 내가 왜 암이에요? 난 아이가 셋이에요. 아직 40대 밖에 안 됐는데 뭐 잘못된 것 아니에요? 드라마를 보면 이럴 때는 "보호자, 어디 계세요? 보호자 오라고 하세요." 하고 환자는 내보내놓고 보호자에게 "환자는 암입니다." 라고 해야 하는 것은 아닌가? 난 별 일 없을 거라고 생각했기에 검사도 혼자 했고 결과도 혼자 보러 왔는데……. 이런 것을 청천벽력이라고 했던가? 믿고 싶지 않았다. 열심히 앞만 보고 달려왔는데 정말 새벽부터 일어나 열심히 살았는데 내가 뭘 잘못했을까? 별의별 생각이 다 들었다. 그래도 정신을 차려야 했다. 입원 날짜도 잡아야 하고 수술도 해야 하는데 그냥 있을 수 없었다. 직장에서 일하고 있는 남편에게 전화를 했다.

"여보, 나 암이래."

아무 말이 없다. 들은 건가? 다시,

"여보, 나 암이래."

역시 말이 없다. 2년 전 내 생일 날 아이들과 장난하다가 왼쪽 가슴 위쪽에 뭔가 잡혔다. 얼마 전에 대상포진에 걸린 적이 있었는데 그쯤이었던 것 같다. 그래서 멍울이 잡히는 것이라고 생각했다. 종기인가? 난 어려서부터 느끼한 음식을 좋아하지 않았다. 친구들과 튀김집에 가도 나는 한두 개만 먹으면 느끼해서 못 먹곤 했다. 고기도 마찬가지다. 삼겹살을 먹으면 조금 먹다가 느끼해서 좋아하지 않았기 때문에 대수롭지 않게 생각했다. 그리고 여러 방송에서 아이 셋을 모유로 키우면 유방암의 확률을 줄일 수 있다고 했다. 그 생각이 났고 아무 일 없을 거라고 그냥 지나쳐 버렸다.

같은 교회에 다니는 보험 설계사의 권유로 그즈음 보험을 들면서 나는 암보험도 들게 되었다. 그땐 내가 암일 것이라고는 생각하지 못했다. 단지 아버지가 위암이었기 때문에 들어놓은 것이다. 그 보험을 들고 2년이 지나야 100% 보장을 받는다는 내용을 듣게 되었고 그것을 지킨 것은 아니지만 어쩌다 보니 시간이 지나갔고 12월에 건강보험공단에서 하는 건강검진을 했다. 그러던 중에 종기처럼 덩어리가 있는 것이 생각나 초음파 검사하는 분에게 여기 뭐가 있는 것 같은데 하면서 가슴 위쪽을 가리켰다. 가슴 위쪽이라고 하기 보다는 겨드랑이 옆쪽이 맞는 것 같았다. 그곳을 가리켰다. 선생님은 초음파로 그곳까지 검사를 해주었고 검사 결과 재검진을 받으라고 해서 그 병원에서 의뢰서를 받아서 서울의 한 병원에 갔다. 특별한 증상이 있었던 것이 아니었기 때문에 혼자서 예약하고 검사를 받았다. 왼쪽 어깨가 많이 아팠는데 그것은 무거운 가방을 많이 들었기 때문이라고 생각했다. 내 습관 중에 왼쪽으로 가방을 메는 습관이 있었기에 별로 무섭지도 겁날 것도 없어서 담대하게 혼자 갔다. 그런데⋯⋯.

서울의 병원에는 우리 올케도 있었지만 동문 선배도 있어서 그곳이 편해서 그리로 가게 되었다. 선배를 통해 의사의 추천을 받아 진료예약을 했다. 그리고 이런 결과가 나온 것이다. 후회가 되었다. 남편이랑 같이 올 걸 그랬나? 아니, 딸아이들이랑 같이 올 걸. 외롭고 무서웠다. 막상 암이라는 말을 들으니 혼자라는 것이 왜 그렇게 외롭던지 누군가 붙잡고 싶었다. 누군가에게 말하고 싶었다. 나, 정말 열심히 살았는데 왜 암이냐고 묻고 싶었다. 그러나 내 옆에 아무도 없었다. 덩그러니 놓여있는 소파에 몸을 기대었다. 얼마의 시간이 지났는지 감각이 없다. 몸을 일으켜 주차장으로 향했다. 병원에서 주차장을 어떻게 갔는지 생각이 나지 않았다. 신기하게도 나는 내 차로 와 있었다. 본능적이라고 해야 하나? 그런데 눈물은 나지 않았다. 운전을 하고 집으로 가는 길에 큰 아이에게서 전화가 왔다.

"응, 딸 왜?"

"엄마⋯⋯."

"왜 그래?"

"엄마, 어디 아파?"

남편이 말한 모양이다. 나도 모르게 눈물이 두 볼을 타고 주르륵 내려서 입

술에 닿았다. 짰다. 아, 눈물이 짜다는 생각이 들었고 아이가 느낄 두려움을 생각하니 아이에게 표시를 내고 싶지 않았다.

"괜찮아. 오늘 늦니?"

"아니, 일찍 들어갈 거야."

전화를 끊고 차를 갓길에 세우고 울고 말았다. 그것도 엉엉 소리 내어……. 그때도 나는 혼자였다. 토닥여 줄 남편도 아이도 친한 친구도 그 순간만큼은 아무도 없었다. 유난히 더 크게 들리던 내 흐느낌……. 적막함이 싫었다.

어떡하지? 내 아이들은 어떡하지? 내가 없으면 내 아이는……. 내가 암에 걸렸다는 사실보다 내가 없는 세상에 아이들만 남을 것을 생각하니 두려웠다. 문득 아버지가 보고 싶다. 아버지! 아, 아버지. 가슴이 저려왔다. 난 참 바보 같았다. 녹즙 배달을 하면서도 녹즙 하나 내 입에 넣는 것이 아까워서 먹지 못했다. 하나 팔면 돈이 얼만데 하면서……. 내 아버지, 어머니도 그렇게 살았다. 그런 부모님을 볼 때마다 그러지 말라고 짜증내기도 했고 그런 부모님이 답답했었는데 내가 그러고 있었다. 후회가 밀려왔다.

인생에 있어서 나는 잘 살았는지 그동안에 있었던 사건들이 영화를 보듯 지나가고 있었다. 내 아버지도 위암이었다. 위암 선고를 받고 장례치를 준비하라는 의사의 말도 있었지만 아버지는 15년을 더 살다가 돌아가셨다. 15년 동안 완치 판정도 받았지만 돌아가실 무렵에 위암이 재발해서 돌아가셨다. 15년에 덤으로 얻은 인생을 아버지는 참 잘 지냈을 것 같다. 나와 동생을 결혼시켰고 손자까지 다 보고 편안한 가운데 돌아가셨다. 아버지는 내가 해드리는 장조림을 무척이나 좋아했다. 돌아가시기 일주일 전 내가 떠준 밥을 한 공기나 드시고 곡기를 끊고 조용히 세상을 떠났다. 아버지는 어머니의 극진한 간호를 받았는데 어머니는 아버지에게 홍삼을 꾸준히 해 드렸다. 그리고 식사할 때에도 이

건 맛이 없다고 하면 아무 말 없이 다시 해줄 정도로 극진했다. 간호사 며느리를 둔 아버지는 정말 원 없이 치료를 받았는데 병원에서도 집에서도 기운이 없으면 링거를 맞았다. 그것도 비싼 알부민 농도가 가장 높은 것으로……

내가 차려준 음식을 맛있게 드시고 여러 가지 당부를 했는데 지금 생각해 보면 그것이 유언이었던 것 같다. "엄마를 이해해줘라. 엄마의 친구가 되어주어라. 엄마의 편이 되어주어라". 주로 엄마에 대한 이야기였고 혼자 남을 짝꿍에 대한 염려와 사랑이 묻어났다.

"걱정하지 마세요. 아버지나 얼른 일어나세요."

그것이 아버지와의 마지막 대화였고 그날 밤이 지나고부터 아버지는 의식이 없었다. 의사 선생님을 찾아가서 이야기를 들어보던 중에 내가 아버지는 심폐소생술을 안 하겠다고 했다.

몇 해 전 시아버지가 돌아가셨는데 한 번 숨이 끊어졌는데 심폐소생술 하는 모습을 보게 되었다. 침대 밑까지 쑥 들어갔다가 나오고 의사 선생님이 위에서 가슴을 계속 누르고 그래도 안 되니 전기 충격까지 했다. 그러니 심장이 다시 뛰는 모습을 본 적이 있었다. 그렇게 해서 다시 숨을 쉬었지만 얼마 못가서 돌아가셨다. 그 모습이 싫었다. 그래서 의사에게 내 아버지는 심폐소생술을 하지 않겠다고 했더니 가족들이 동의했느냐 그러면 여기에 사인하라고 했다. 내가 사인을 하려고 하니 의사가 동생 보고 하라고 한다. 남자라는 이유로. 내가 하겠다고 했다. 그런데 의사는 아니다. 남자 보호자가 해야 한다며 기어코 동생에게 하라고 했다. 동생의 가슴에 한을 남기고 싶지 않아서 내가 하려고 한 것이었는데 결국 동생이 하게 되었다.

그날 집으로 돌아오는 길에 버스를 탔다. 문득 생각이 들었다. 혹시 아버지가 심폐소생술로 살아날 수도 있는데 내가 안 하겠다고 한 것은 아닐까? 과연 아버지는 이것을 원했을까?

나는 아버지를 보낼 준비가 되었는가를 생각하다가 아무 생각 없이 버스에서 내렸고 무엇인가 홀린 듯 걸었다. 한참 걷다 보니 내가 걷고 있는 곳이 어딘지 알 수가 없었다. 난 길눈이 밝다. 한 번 간 길은 그 다음에 찾아가라고 하면 찾아갈 정도다. 초등학교 5학년 때 담임 선생님 댁에 놀러 간적이 있었다. 그런데 그 선생님 댁이 버스에서 내려서 꼬불꼬불 30분을 걸어야 했는데 선생님 말씀으로는 선생님 댁을 한 번 오고 두 번째 혼자 찾아온 사람이 없다며 그만큼 찾기가 어렵다고 말했다.

그랬는데 내가 두 번째 선생님 집을 찾아갔더니 난리가 났다. 선생님도 놀랐고 선생님 자녀도 놀라며 나를 무척이나 귀여워 해 주었다. 그리고 내가 아버지와 함께 수입품 그릇 장사를 오랫동안 했기 때문에 미로와 같은 남대문 시장을 나는 잘도 찾아다녔다. 동생과 남편은 내가 길을 잃어버렸다는 것에 충격을 받았을 정도였으니 아버지가 돌아가신다는 생각과 심폐소생술을 안 하기로 했기에 많은 생각이 지나갔고 그 생각에 사로 잡혀서 그냥 무작정 걸어가다 보니 어디가 어딘지 알 수가 없었다.

길을 잃어버린 것이 아니라 난 정신을 차릴 수가 없는 것이 더 문제였다. 남편에게 전화했고 남편은 지금 있는 그 자리에 땅바닥에 앉으라고 했다. 그리고 숨을 크게 내쉬라고 했고 그리고 주변을 돌아보라고 했다. 주변을 돌아보니 한심하게도 여의도의 내가 늘 다니던 길 한 블록 앞쪽에서 왔다 갔다하고 있었던 것이었다.

그날 아침에 출근하는 남편과 아이들을 데리고 병원으로 갔다. 아버지를 보고 출근과 등교를 하라고 했다. 남편은 나중에 가겠다고 하는 것을 꼭 아침에 가야 한다고 했다. 왜냐하면 내가 기도한 것이 있었기 때문에 아버지를 보여줄 기회가 아침밖에 없다고 생각했기 때문이다. 아버지를 보여주고 출근과 등교를 하게 했다.

　몸에 좋은 것을 많이 먹고 알부민과 여러 가지 좋은 것은 많이 맞아서 돌아가실 때 힘들 거라고 했는데 아버지는 편안하게 눈을 감았다. 아버지의 얼굴을 만지며 "아버지, 안 아프죠? 이제 편안하게 계세요." 라고 말했다. 아버지의 볼을 만지고 아버지의 얼굴을 하염없이 만지고 있었는데 의사가 돌아가셨다고 했고 침대 시트로 아버지의 얼굴을 덮어버렸다. 장례치를 때는 정신없이 시간이 지나버렸는데 집에 오니 아버지를 볼 수 없고 만질 수 없고 목소리를 들을 수 없는 것이 가슴이 아팠다. 그것 때문에 울고 또 울었다. 그날 그때 생각이 스크린을 보듯 지나갔다. 이젠 내 차례인가? 아이들에게 내 얼굴과 목소리 그리고 아이들을 안을 수 없게 될 수 있다는 것이 가슴이 아파 눈물을 흘릴 수밖에 없었다. 온통 아이들의 생각밖에 나질 않았다. 아직은 빠른데 삼남매가 아직 너무 어린데 내가 더 살아야 하는데 이 아이들을 곁에서 더 지켜주어야 하는데…….

　내가 힘내야지. 내가 견디어내야지. 병원은 입원 수속까지 밟고 왔기 때문에 그 날짜에 입원해서 수술 준비를 하면 되는 일이었다. 텔레비전에서 보면 주변을 정리하고 유언장을 쓰고 여러 가지 하는 것들이 있었는데 나는 아무것도 하지 않고 입원 날짜만 기다렸다. 아버지도 암 선고 받고 장례치를 준비하라고 했는데도 15년을 더 살았는데 15년이면 어느 정도 우리 아이들이 컸을 때니 괜찮다고 스스로 나를 위로했다. 입원 당일에서야 보험증서를 찾아서 큰아이에게 주고 적금통장과 여러 가지 당부를 했다. 큰 아이는 왜 그러냐며 괜찮을 텐데 그러지 말라고 했지만 간단하고 중요한 것만 아이에게 주었다. 내가 암 수술을 하고 2년이 지나서야 엄마에게 말했다. 아버지 때문에 놀란 엄마가 충격을 받으실까봐 말하지 않고 있었기 때문이다. 그러나 나는 건강을 많이 회복했기에 엄마에게 이야기를 했더니 엄마가 이렇게 말해 주었다. "진작 말하지 그랬니? 그래, 넌 사랑받으려고 암에 걸린 것이니 괜찮아. 이제 괜찮아." 내가 사랑받으려고 암에 걸렸다고? 정말 사랑받으려고……

　웃겼다. 암이 사랑 받으려고 걸렸다니. 그것은 사실이었다. 내가 암을 겪고 생각도 바뀌고 생활도 바뀌었다. 그로 인해 나는 방송에 나가서 말할 내용이 생겼고 내가 하는 일에서도 사람들에게 암을 이긴 지사장으로 소문났고 유명해졌다. 내가 이렇게 글을 쓰는 것도 내가 겪은 아픔이 나를 한 번 더 일어서기 위한 움추림이었음을 지금은 잘 알고 있다. 내가 겪은 그 아픔을 통해 세상을 향해 하고 싶은 이야기가 있고 들려주고 싶은 이야기가 있음이 아니었을까? 차차 그 내용을 하나하나 적어보기로 하자.

　높이뛰기 선수들이 높이 뛰려면 도움닫기를 하듯 나는 지금 도움닫기를 하고 있는 중이다.

라디오 방송을 타다

길거리 캐스팅 말만 들었지 나에게도 그런 일이 있을 거라고는 생각지도 못했다. 많은 사람들이 방송을 보거나 라디오를 들을 때마다 특별한 사람들만 하는 것이라고 생각했을 것이다. 나도 그렇게 생각했고 그냥 내 생활을 열심히 했을 뿐인데 나에게 생각지도 않은 일이 생겼다.

어느 날 승강기를 타고 내리는데 한 남자가 두 손에 커피를 든 채 나를 부른다. 왜 그러냐고 물었더니 MBC 피디라고 소개하며 한 손에 든 커피를 입에 물고 주머니에서 주섬주섬 명함을 찾아 나에게 주었다. '이 사람이 사는 세상 PD'라고 쓰여 있었다. 그리고 그가 말했다.

" '이 사람이 사는 세상'이라고 평범하게 사는 분들의 이야기를 라디오에 내보내는 프로인데요. 아주머니의 이야기를 담고 싶습니다."

"저를 어떻게 보시구요? 저를 아세요?"

"아! 매일 아침 밝은 미소로 같은 시간에 이곳에 오기에 눈여겨보고 있었는데 오늘 기회가 닿아서 이렇게 부탁드리는 거예요. 긴 시간 빼앗지 않을 테니 시간 되면 12시에 10층 라디오국에서 뵐 수 있을까요?"

우와! 내게도 이런 일이……. 길거리 캐스팅이 이런 것인가? 놀랍고 신기했다. 다른 사람들은 라디오나 텔레비전에 나오려고 안간힘을 쓰고 돈도 투자해서 나가는데 내 이야기를 내보내 준다고 한다. 그것도 부탁한다고 했다.

옹달샘에 물이 뽀글뽀글 솟아나듯이 기쁨이라는 것이 뽀글뽀글 솟아나고 있었다. 내 나이 50에 보통 일을 하는 사람인데 나 같은 사람이 주인공이 되어 방송을 하겠다고 하니 정말 놀라왔다. 한참이 지나도 기분 좋은 뽀글거림이 계속 이어 지고 있을 때 12시가 되었고 MBC 라디오국으로 담당 피디를 만나러 갔다. 많은 기계들과 여러 가지 마이크와 헤드셋이 눈길을 끌었다. 먼저 걱정부터 했다.

"저 같은 사람의 평범한 이야기가 소재가 되나요? 혹시 욕 먹는 건 아닌가요?"

" '이 사람이 사는 세상'이라는 프로입니다. 즉, 노현숙 씨의 사는 세상을 전하는 거예요. 이 프로그램은 정말 특별하면 안 되고 평범한 사람의 이야기라야합니다. 그리고 제가 편집을 할 것이고요. 아나운서가 나레이션을 해줄 것이기때문에 걱정 안 해도 됩니다. 지금은 저와 이야기 나눈다고 생각하고 말하면제가 편집할 테니 편하게 하세요." 하며 나를 안심시켜주었다.

"먼저 어디 사는지 몇 살인지 무엇을 하는지를 말씀해주세요. " 나는 친구에게 하듯이 "저는 용산에 살구요. 나이는 50입니다. 저는 사무실에 근무하는 분들의 건강을 책임지고 있습니다. 녹즙 경력은 20년 정도 되었고요. 외길 인생입니다." 로 시작해서 아이들 교육한 이야기, 암을 이긴 이야기 정말 내 이야기를 했다. 방송에 나갔다. 15분 정도 되는 프로그램이었고 정말로 내가 주인공이 되어 있었다. 아나운서의 나레이션으로 인해서 정말 그럴 듯했다. 방송이 나오고 나는 여기저기 방송을 복사해서 알렸다. 친구들과 다른 친척들에게도 보내졌고 방송을 들었던 사람들로부터 부러움을 사게 되었다.

내가 방송에서 했던 이야기는 사실이었다. 중학생이던 딸아이들을 방학만 되면 녹즙배달을 시켰다. 물론 알바비를 주었지만 나는 내 아이들에게 내 일을 말하고 싶었고 엄마가 얼마나 힘들지만 보람찬 일을 하고 있는지 보여주고 싶었다. 또 다른 방향으로 생각하면 아이들에게 사람에 대한 부담감을 없애 주고 싶었다. 영업이란 모든 인간관계에서도 존재하고 필요하다고 생각한다. 그렇기에 내 아이들에게 사람과의 관계에서 우선권을 잡기를 원했기 때문이다.

처음 녹즙 배달을 시켰을 때 아이들이 창피하다며 쭈뼛쭈뼛했다. "엄마, 못하겠어. 창피해."를 연발했다. 아이들에게 나는 엄마가 이렇게 일을 해서 너희를 공부시키고 있는데 "너희들이 창피해하면 엄마는 어떻게 해야 하니?" 그렇게 말하자 아이들은 용기를 냈다. 처음이 힘들었지 한 번 하고 나니 아이들은 잘 했다. 그러다 보니 아이들이 방학만 되면 일을 도와주려고 했고 도와주면 아르바이트비도 받고 사람들로부터 칭찬을 많이 받았다.

지금은 대학생이 되어버린 두 딸들은 사람을 두려워하지 않는다. 친구들과의 사이에서도 주도권을 잡게 되었고 인기가 많다. 무엇보다도 아이들이 내 일을 창피해 하지 않고 나를 이해한다는 것이고 내가 있었던 이야기를 하면 아이들은 알아듣고 이해해준다는 사실이 무엇보다 좋다. 심지어 딸아이들이 내게 "우리 엄마는 멋있어! 대단해! 최고야!" 라고 말한다. 엄마로서 아이들에게 이런 평을 받는 것은 내 인생에 있어서 큰 자랑이다. 오전 일을 마치고 카페 글을 쓰고 플러그를 쓰고 유투브 동영상에 최고의 내편이자 팬이다. 아이들이 친구들에게 보여주고 자랑한다는 것이 엄마로서 행복하다.

지쳐서 들어오면 아이들은 다리를 주무르며 "엄마, 오늘은 무슨 일 없었어? 누구랑 사진 찍었어?" 라고 물으며 자연스레 내 일에 관심을 가져주는 것이 감사하다. 내가 병원에 암수술을 하려고 입원했을 때 누가 간병을 해야 할지 아이들은 고민하지 않았고 서로 하겠다며 엄마와 둘이 있고 싶다고 할 만큼 좋았다

내가 아이들을 기르는데는 여러 가지 원칙을 가지고 있다. 그중에 내 일을 이해시키고 관심을 갖게 하는 것이었고 또 하나는 아이들이 대학시험을 치르고 나면 단둘이 여행을 간다. 큰아이는 둘이서 방글라데시를 갔다 왔고 둘째 아이와는 제주도를 다녀왔다. 아이들은 고마워했지만 그중에도 엄마가 어떻게 돈을 벌었는지를 잘 알기 때문에 아이들은 더 많이 감사한다는 사실이다. '엄마, 고마워요. 힘들게 돈을 벌어서 저와 함께 여행 와 주셔서 감사해요.' 라는 내용의 편지를 받았다. 힘이 솟는 일이다. 내 뜻을 이해해주고 따라주는 두 딸이 있어서 감사하다. 늦둥이 아들도 누나들의 그런 생각을 아는지 나를 많이 이해해준다.

2017년 12월에는 아들도 처음으로 나를 따라서 일을 같이 했다. 누나들이 했던 것을 보았던 터라 남자 아이이지만 부담스러워 하지 않는다는 것이다 .이번에 따라다니면서 고객인 김법도 아나운서는 이렇게 말했다. "어머님이 대단한 분이다. 훌륭하다." 고객으로부터 이런 이야기를 들은 아들은 "엄마, 그 사람들은 엄마한테 녹즙 먹는 사람들인데 어떻게 엄마가 훌륭하다고 말할 수가 있어?' 대부분의 사람들 고맙다고는 할 수가 있어도 이해가 되지 않는다고 한다. 그래서 고객에게 물어보라고 했더니 그 고객이 어머님이 영업력을 떠나서 자신이 하는 일에 자신감이 있고 무엇보다 자신의 일을 즐기고 계시기 때문이

야." 라고 했다. 그리고 또 사람이 살아가면서 많은 일을 하는데 그중에 자신의 일을 즐기는 사람은 많지 않다는 것이라고 했다. "너도 엄마 닮아서 잘 할 수 있을 거야라고……." 그 평에 대해 감사하다.

　내게는 '즙 자이저' 라는 별명이 있다. 녹즙 + 에너자이저다. "즙을 배달하니 즙 자이져이시죠?" 하며 내게 별명을 불러주신다. 그 말에 나는 오늘도 즙 자이저로 에너지 넘치게 고객에게 달려가고 내 일에 긍지를 가지고 있다. 이 일이 있는 것이 행복하고 이 일을 즐길 수 있어서 행복하고 나를 반기고 기다려주는 사람들이 있는 것이 행복하고 나를 인정해 주는 이들이 있어서 더욱 행복하다.

남편의 사업 실패,
금전적 암흑기

사람은 누구나 돈에 쪼들리고 경제적인 어려움을 겪게 되면 마음의 여유가 없어진다. 바로 한치 앞도 보지 못하고 오로지 돈 생각에만 매달리게 되어 마음이 각박해지고 신경질만 늘게 된다. "이거 어떡하지? 당장 돈을 막아야 하는데 큰일 났네. 남은 지금 돈 때문에 정신없는데 누굴 놀리는 거야 뭐야?" 그야말로 안절부절 바늘방석이 따로 없다. 열심히 일하고 열심히 살고 있는데 계속되는 어려움……. 그런데 돈이라는 것은 참 묘한 성질을 가진 물건이어서 그것을 쫓는 사람에게서는 도망을 가고 오히려 돈에 집착하지 않는 사람에게는 자꾸 모인다.

사업에서 실패와 성공을 거듭해 본 사람들의 말을 들어보면 오직 돈을 벌기 위한 목적으로 일을 했을 때는 돈이 따라주지 않았지만 거꾸로 돈을 생각하지 않고 일을 했더니 돈이 저절로 따라오더라는 말을 공통적으로 하고 있다. 당장 일확천금을 노리는 도박꾼들이 대부분 패가망신하는 이유도 여기에 있다.

내게도 이런 암흑기가 있었다.

정육점을 하던 남편은 한우만 고집했다. 그 당시 육우(고기를 먹기 위해 키운 소)가 한창 나올 때였기 때문에 금액적인 면에서 우리는 경쟁에서 뒤떨어지게 되었다. 그것을 힘들어 하던 남편은 매일 술을 마셨다. 가게 문만 열어놓고 술을 마시고 나면 언제나 내가 가게를 보게 되었다. 아침부터 술을 먹을 수 없으니 가게 문 열어놓고 정리 해 놓고 나면 점심 때부터 술을 마셨다. 나와 남편은 너무 달랐다. 성격도 달랐고 장사하는 방식도 많이 달랐다. 나는 사람들이 오면 "뭐가 필요하냐?" 에서부터 "오늘은 이 고기가 좋고 이 부위가 어떻게 해 먹으면 좋고……." 라고 요리법까지 말하며 고객에게 물건을 팔았다.

　반면 남편은 고객이 달라고 할 때까지 기다렸다. 편안하게 구경하고 달라고 하면 그때 움직였다. 그러다 보니 가게에서도 의견 충돌이 일어났고 남편은 내게 화를 내며 나가서 술을 마셨다. 그러다 보니 장사가 잘 안 되었고 우리는 경제적으로 힘들어졌다. 남편은 일을 접을 수밖에 없었고 그러고는 집에서 낮에는 술에 취해서 잠을 잤고 밤에는 늦게까지 텔레비전을 봤다. 술을 먹으면 모든 것이 부정적이었다. 이것은 너 때문이고 저것은 누구 때문이고 자신이 잘못한 것은 하나도 없었다. 그 모습이 싫었고 매일 통장의 잔고가 떨어져갈 무렵 나는 일을 시작했다.

　처음에는 은행에서 핸드폰을 팔았다. ○○병원 안에 있는 모 은행에서 핸드폰을 팔았는데 안 하던 종목이라 배울 것도 많았지만 장사하던 부모님의 장사 수완을 물려받아서인지 나는 핸드폰을 잘 팔았다. 집에 오면 다리는 퉁퉁 붓고 만사가 귀찮았다. 그러다 보니 집안일에 소홀해졌고 그런 것에 못마땅해 하던 남편은 그만두라고 난리였다. 남편은 일을 찾을 생각도 없었고 자꾸 아이들이 커 가니 돈이 필요했던 나는 일을 그만 둘 수가 없었다. 그러다보니 거의 매일 싸웠고 남편은 매일 술에 취해 있었다. 한 번은 2살 난 아들이 아빠가 가게에 간 사이 열려 있는 문을 열고 밖으로 나가버렸다. 날씨는 추웠고 어둑어둑 해져 가는데 아이 아빠는 혼자서 찾다가 도저히 못 찾으니 일하고 있는 나에게 전화를 했다 아들이 없어졌다고 했다. 하늘이 무너져 내리는 것 같았다. 논현동에서 어떻게 집까지 왔는지 생각이 나질 않는다. 경찰에 신고를 하고 경찰차를 타고 여기저기 다녔다 나는 울부짖으며 아이가 옷도 안 입고 나간지 4시간이 지났다.

"우리 아들 좀 찾아주세요."

오열하며 울부짖었다. 그러던 중에 무전이 왔고 효창공원역 근처에 있는 빵집으로 나를 데리고 갔다. 가 보니 아들이 그곳에 있었는데 아이는 나를 보자마자 "엄마 빵 사 줘." 한다. 이야기를 들어보니 아이 아빠는 담배를 사러나갔고 금방 울 것 같아서 문을 안 잠그고 나갔는데 슈퍼 앞에서 아는 사람을 만나서 이런저런 이야기를 하다 보니 시간이 좀 지났고 집에 와보니 아들이 없는 것을 알게 되었는데 내게 잔소리를 듣게 될까봐 혼자서 찾고 있었단다.

빵집 이야기를 들어보니 아이가 걸어오는데 어떤 손님 뒤를 따라서 가게에 왔는데 그 손님에게 그 집 아이냐고 물었더니 아니라고 하고 엄마어디 갔냐고 물으니 "일하러." 라고만 하더란다. 기다리면 오겠지 하고 아이를 데리고 있었는데 아이가 울지도 않고 있어서 일하면서 기다렸단다. 시간이 지나도 부모님들이 아이를 찾아오지를 않아서 파출소에 전화했다고 한다. 나는 많이 힘들었다. 그 일로 남편과 많이 싸웠고 핸드폰 일을 그만두게 되었다. 무슨 일이든지 열심히 하는 내 성격 때문에 그곳에 사장님은 언제든지 오라고 하며 아쉬워했다. 아이를 돌보면서 할 수 있는 일이 필요했다. 오전에 학교나 유치원에 간 사이에 할 수 있는 일이 있었으면 좋겠다. 생각하다가 녹즙 일을 알게 되었다. 얼마간 쉬다가 녹즙 일을 시작하게 되었다. 아이들은 공부를 가르쳐야하고 먹고 사는 것보다 아이들을 교육시키는 것이 문제였다. 남들 보내는 학원을 다 보낼 수는 없었지만 최소한의 것은 해야 했기 때문이다. 그런데도 남편은 여전히 남편은 놀고 있었기 때문이었다.

한 번은 일을 시작했는데 걸으면서 선배 언니에게 전화를 했다. 선배는 나보다 한 기수 위의 선배였다. "밥은 먹고 일을 하는 거냐?"고 물었다. "아뇨, 안 먹었어요." 했더니 "라면이라도 사먹어라." 했다. 나는 "돈이 없어요." 어쩜 그렇게 아무렇지도 않게 말했는지 선배는 농담하는 줄 알고 "야, 천 원도 없어?" 한다. "언니, 천 원도 없어요." 정말로 그랬다. 내 주머니에 단돈 천 원이 없었다. 신기한 것은 그것이 창피하지도 않았고 부끄럽지도 자존심이 상하지도 않았다. 그때 내 형편이 그랬으니깐 솔직하게 "네, 천 원도 없어요."라고 말할 수 있었다. 돈이라는 것은 있다가도 없고 없다가도 있는 것이며 또 전혀 생각지도 않았던 천재지변이 일어나 없어질 수도 있는 것이다. 또한 지금 당장 나에게 돈이 없는 것은 인생 전체를 두고 볼 때 극히 작은 문제에 불과할 수도 있다. 준비된 사람에게는 언젠가 돈이 제 발로 따라오기 마련이라고 생각했고 그렇게 믿고 싶었기 때문이었다.

선배 언니는 "에이, 야! 통장 번호 불러." 라고 했다. 나는 됐다고 했지만 한사코 번호를 대라고 해서 통장번호를 불렀다. 그랬더니 선배가 10만 원을 보내 주었다. 돈이 없다고 할 때는 몰랐는데 통장에 찍힌 10만 원을 보는 순간 도저히 그 돈을 쓸 수가 없었다. 그 선배의 마음이 내게 어찌나 힘이 되던지 그래 내가 인생 헛산 것은 아니구나 생각했다. 그 돈을 찾아서 지갑에 넣고 쓸 수가 없었다. 그것이 내게는 10만 원이 아니었다. 내겐 100만 원 아니, 1,000만 원의 가치를 가졌다.

그런 생활이 금방 끝날 줄 알았다. 금방 금전적으로 어려움이 해결이 될 줄 알았는데 그렇지 않았다. 생활이 어려우면 어려울수록 남편과 싸우는 날이 많아졌다. 설상가상으로 오토바이로 배달하다가 교통사고가 나서 팔이 부러지는 바람에 더 이상 일을 할 수 없게 되어 금전적인 어려움은 날이 갈수록 더욱 심해졌다. 그러면 그럴수록 서로가 힘이 되는 것이 아니라 서로를 탓하면서 싸우는 일만 많아졌다. 술에 취한 남편과 싸우다가 집을 나와서 배회하고 있다가 술에 취한 남편이 잠이 들면 집에 들어 가곤했다.

같이 성장캠프라는 프로그램에서 한 사람을 알게 되었는데 그 분은 화성에서 녹즙 일을 하고 있었다. 내게 화성이라는 동네는 추억의 장소이다. 학창시절 운동을 가르쳐주던 선생님이 집이 화성이어서 친구들과 화성에서 망둥이도 잡고 염전에서 일도 해 본 경험이 있는 예쁜 추억의 장소였다. 그때 매화리라는 곳에서 친구들과 묵었는데 자전거를 빌려서 제부도로 놀러갔었다. 놀다보니 시간이 늦었는데도 불구하고 물이 덜 빠져서 건너기가 어려웠다. 제부도가 섬이라 밀물일 때에는 길이 물에 잠겼다가 썰물일 때 물이 빠지면 길이 나서 그 길을 건너서 숙소로 와야만 했는데 날이 점점 어두워지니 더 늦으면 자전거를 타고 숙소로 오기 힘이든 상황이었다.

물이 완전히 빠져야 안전하게 건널 수 있는데 어쩔 수 없이 내가 선두로 자전거를 끌고 길 위를 걸어오니 친구들도 나를 따라서 오고 있었는데 반쯤 왔을 때 주위를 둘러보니 바다 한가운데 나와 친구들이 서 있었다. 그 기분은 이루 말할 수가 없을 정도로 좋았다. 더구나 친구들이 주위에 많이 있었기 때문에 무섭지도 않았고 바다 한가운데……. 너무 기분이 좋았다.

그런 추억의 장소였기에 그 분하고 친하게 지내게 되었던 계기가 된 것이다. 내 추억을 말했고 그 분은 한 번 놀러오라고 제부도를 데리고 가 주겠다고 했다.

남편과 다투고 나면 나는 자동차를 타고 달렸다. 자동차를 달리면서 이런 생각을 했다. 가다가 사고 나라. 사고 나라. 죽고만 싶었다. 그래도 다행인 것은 목적지가 있다는 것이 다행이었고 우리 일의 특성상 지사장들을 밤을 새워 작업을 하는 곳이 많았기 때문에 마음 편하게 그곳을 갈 수 있었다. 그 지사장은 현장 경험을 나눠줄 사람이 필요했고 현장 교육을 해줄 사람이 필요했으니 가끔 내가 내려가서 직원들을 교육시켜주기도 했다. 그런 인연으로 그 지사장은 내 사정을 알고 돈을 빌려주기도 했다. 금전적으로 힘들었고 카드란 카드를 모두 돌려막기를 했어야만 했고 이제 더 이상 돌려막기를 할 수도 없을 만큼 최악이었고 그럴수록 힘이 되었어야할 남편은 나를 탓했고 나를 몰아세워서 죽고만 싶었다.

인생 전체를 두고 봤을 때는 너무 작은 일이었다. 돈은 있다가도 없고 없다가도 있는 것이라고……. 귀에 들어오지도 않았고 왜 나만 왜 이렇게 힘들게……. 내 불행은 처음에는 작은 눈덩이었다. 그것이 불만과 만나니 점점 눈덩이가 커져만 갔고 그 눈 속에 내가 묻혀 버리고 만 것이다. 왜 나만 하는 부정적인 씨가 점점 싹이 텄고 잎이 나고 열매를 맺으니 생각한 그것이 죽음이었다.

그러나 난 죽을 수 없었다. 나는 엄마였기 때문이다. 딸 둘의 아들 하나 세 아이의 엄마였기에 더 이상 갇혀서 죽을 수만은 없었다. 그런 상황 속에서도 나를 도와주는 사람이 있었고 새로운 희망의 싹이 나고 있었음에도 나는 알지 못하고 있었다.

내겐 세 아이들이 있었고 사업에 실패한 남편도 있었다. 내겐 도전이었다. 첫 월급 23만 원, 정말 쌀 20kg도 못 사는 금액에도 나는 절망할 수만은 없었다. 내가 잘 할 수 있는 일이었기에 자신감을 가지고 지금까지 열심히 하고 있다.

교통사고로 인한 시련 가정으로부터 오는 여러 가지 고난이 있었지만 좌절할 수 없었다. 어휴, 지겨워. 이 놈의 돈! 돈! 돈! 나는 그렇게 절실히 돈을 바라면서도 막상 돈을 쫓아 가기 위한 행동은 전혀 하지 않았다. 그러면서도 녹즙을 어떻게 차별화를 둘 지 생각했고 내게 맡겨진 일에 충실하게 하나하나 배워나갔다. 배우기 위해 선배들을 만나기 위해 시화나 시흥에서 앞서 나가는 사람들을 만나고 그들이 하는 것을 따라하면서 나에게 맞는 것으로 바꿔나가며 차별화하기 위해 노력하다보니 내 생각이 달라졌고 생활도 바뀌기 시작했다. 돈의 노예가 되기보다는 돈이 따라오게 해야 한다는 조언을 듣고 내 일에 열심히 하다보니 사람들이 나를 보는 눈이 달라지기 시작했다. 같은 녹즙을 하는 사람들이 200개 정도 배달할 때에도 나를 2,000개 정도하는 지도자 지사장으로 보는 사람도 생겨났다.

내가 했던 것은 조급해 하지 않은 것 밖에는 없었는데 그들은 나를 여유롭게 보았고 지사장으로 보아주니 내가 지사를 하게 된 씨앗이 되기도 했다. 사람들 가운데는 돈에 관한 한 이와는 반대로 살아가는 사람이 많다. 내가 돈을 지배해야 하는데 오히려 지배당하면서 살아가고 있는 것이다. 남에게 사랑받는 사람은 사랑받을 짓을 하고 남에게 미움 받는 사람은 미움 받을 짓을 한다. 돈도 마찬가지이다. 돈을 벌려면 돈 벌 짓을 해야 한다. 만약 지금까지 돈 벌 짓을 하지 않고 쫓을 짓만 한 사람이 있다면 당장이라도 의식을 바꿔야 한다. 돈이 들어왔을 때 머무를 수 있도록 행동을 하지 않으면 안 되는 것이다.

돈을 벌기 위해서는 이처럼 돈을 벌 행위를 하면 되는데 그럴 용기가 없고 자신감이 없는 사람들은 이렇게 말한다. 나는 돈하고 거리가 멀어서. 돈하고 거리가 멀어? 기가 막힌 얘기가 아닐 수 없다. 분명 최영 장군의 후예도 아닌데 황금 보기를 돌같이 하라고 한다. 나는 이렇게 돈하고 거리가 멀다는 사람치고 부자로 잘사는 사람은 한 사람도 보지 못했다. 마찬가지로 돈하고 거리가 멀다는 사람 치고 돈에 쪼들리지 않은 사람도 못 봤다. 돈을 벌려고 해도 못 번다는 말이다. 알 수 없지만 나는 돈하고 거리가 멀다고 말하는 사람이 있다면 그 사람이 어떤 사람인지 어떻게 살아가는 사람인지 한 번 보고 싶어진다.

　그러면서도 이런 사람들은 남이 자기를 우습게 보면 무척이나 불쾌해 한다. 그리고 '당신은 돈이 얼마나 필요합니까?' 라는 질문에 돈 때문에 괴로워하면서도 얼른 대답하지 못하는 사람이 의외로 많다. 즉, 구체적인 목표가 없기 때문에 막연하게 돈이 필요하고 돈에 급급해서 이리 막고 저리 막으며 살아가는 것이다. 우리는 이제 좀 더 자신에게 솔직해질 필요가 있다. 당장 많은 돈이 필요한 형편이면서도 나는 돈하고 거리가 멀다고 무능을 감추며 자신을 속여서는 안 된다. 돈하고 거리가 멀다는 말은 이제 더 이상 하지 말자. 용기와 자신감을 가져서 마음만 먹으면 우리가 목표를 한 금액을 벌 수 있다. 다만 어떻게 벌 것이냐의 계획이 필요한 것이 아닐까 싶다.

딸아이와의 첫 여행,
그 후로 홀로 세상에 나올 준비를 하다

모성 본능. 이것이 강한 사람과 적은 사람들이 있겠으나 아주 없는 사람은 없을 것이다. 그것이 아버지든 어머니든 마찬가지일 것이다. 그 강한 쪽이 나인 것 같다. 내가 암 진단을 받았을 때에도 아이들 생각밖에 나지 않았다.

내가 노력하고 연구하고 성장하려고 하는 곳에는 내 아이들이 있다. 그 누구보다도 나는 내 아이들에게 멋진 엄마라는 말을 듣는다. 아이들이 수능 시험을 마치고 나면 나는 아이들과 단둘이 여행을 간다. 이제 성인되는 아이들에게 인생 선배인 엄마로서 당부의 말을 하는 것은 당연하지만 그것보다도 더 중요한 것은 친구가 되어주고 싶었다. 고기를 달라고 할 때 그냥 고기를 주는 그런 친구보다는 함께 어떻게 고기를 잡을 것인지를 연구하고 실천하는 친구이고 싶기에 둘이서 허심탄회 하게 말하고 싶어서 여행을 가는 것이다. 큰아이는 큰아이로서의 책임감이 컸던지 항상 행복하다고 느끼지 못하고 살고 있었다. 아이와 이야기를 하다보면 불만이 많았고 '난 행복하지 않아.'를 연발했다.

방글라데시로 가기로 마음먹었다. 몇 해 전 부터 그쪽에 계시는 선교사님이 한 번 오라고 계속 말한 탓도 있었다. 방사선 치료를 33회를 마치고 일주일 후에 출발하는 것으로 비행기 표를 예매했다. 사람들이 뒤에서 수군대는 소리가 들리기도 했다. 그래도 난 그들의 이야기를 듣지 않았다. 문제는 비자가 나오지 않았다. 이태원에 있는 방글라데시 영사관을 방문해서 비자 신청을 했지만 나오지 않았다. 그 이유는 이랬다. 방문 목적을 묻는 직원에게 내가 관광이라고 한 것이 문제가 되었다. 거기 볼 게 뭐 있다고 관광을 가냐며 비자를 내 주지 않았다. 난감했다. 비자 없이 방글라데시에 갈 수도 없고 비행기 표는 예매를 해 놓았고. 물론 비행기 표를 취소하면 되겠지만 마음먹었기 때문에 나와 딸은 같이 가고 싶었다. 선교사님에게 전화했더니 그냥 오라고 한다. 아니, 서울도 아니고 낯설고 물 설은 곳에서 어떻게 하라는 것인지 종잡을 수가 없었다. 방글라데시에 가서 랜딩비자를 받으면 된다고 했기에 믿고 그냥 비행기에 몸을 실었다.

처음에는 들떠서 딸과 이런 저런 이야기를 했지만 방사선 치료로 지쳐 있던 내 몸은 쉽사리 지쳐 갔고 피곤했다. 그런데도 잠도 자지 않고 영화를 보고 있었다. 아마도 많이 들떠 있었던 것 같다.

싱가포르에서 비행기를 갈아타느라 12시간을 기다려야만 했다. 나는 의자에 기대어 잠이 들고 말았다. 18시간이 지나고 방글라데시 행 비행기를 타는데 카레 냄새가 코끝을 자극했다. 처음엔 카레 냄새, 조금 있으니 아주 진한 싸구려 향수 냄새, 그리고 사람 냄새가 내 코를 자극했다. 수술 후 방사선 치료를 한 터라 나는 냄새에 민감했고 곧 속이 울렁거리기 시작했다. 그런 나를 딸은 안타까워하며 영어로 콜라를 주문해 주었고 그것으로 속을 잠시나마 달랠 수 있었다. 비행기 기내식이 나왔는데 딸 아이는 영어로 주문을 자연스럽게 했고 내 것도 주문을 도와주었다. 음식이 나오자 딸 아이는 잘 먹었다. 원래부터 가리는 음식이 없는 아이라 걱정은 되지 않았지만 정말 잘 먹었다. 나는 한 숟가락도 먹을 수가 없었다. 비행기 안에 여러 가지 뒤섞인 냄새에 음식 냄새까지 풍기자 속은 점점 더 역겨워졌다. 딸 아이는 자신의 것을 다 먹고 내 것까지 다 먹어치웠다. 이 아이가 내 딸이 맞나 싶기도 했을 정도로 식성이 좋았다.

낯선 소리들이 여기저기에서 들려오는데 한국어는 우리 둘만 하고 있었다. 비행기에서 내리면 랜딩비자를 신청해야 하고 출입국 관리소에 신고도 해야하는데 이걸 어쩌나 영어도 안 되지 방글라데시 말도 안 되지 나는 무섭기 시작했고 걱정이 태산인데 딸 아이는 여유가 있었다. 철이 없는 것인지 뭔가 믿는 구석이 있는 것인지 아이를 바라볼 때마다 내가 괜한 것을 하자고 했나 후회가 밀려왔지만 때는 늦어버렸다. 이리저리 두리번거리다가 왠지 한국 사람인 것 같은 사람을 한 사람 찾았다. 용기를 내어서 "저, 한국 사람이세요?" 했다. 그렇단다. 어찌나 반갑던지 그 사람의 감정은 중요하지 않았다. 내가 반가웠으니까 먼저 질문했다. 일 때문에 가는 거냐? 처음 가는 거냐? 고향은 어디냐? 등등 꼬치꼬치 물었다.

물었던 이유는 그 남자 분에게 랜딩비자를 받을 때 도움을 받을까 해서였다. 지푸라기라도 잡아보고 싶을 정도로 간절했다. 다행히 그 분은 고향이 경상도라고 했다. 나도 경상도다. 고향 사람 만나니 반갑네요. 등 연관성을 찾아서 어찌하던지 도움을 받아야겠다는 절박한 내 마음이었다. 그 남자 분은 무역 일을 하는 분이고 방글라데시에 무역공장이 있어서 간다고 했다. 붙잡고 사정을 이야기하기 시작했다. 처음 가는 것이고 말이 안 통하고 랜딩비자를 받아야하니 도움을 달라고 했다.

그러자 알았다고 했다. 긴장이 풀렸다. 방글라데시의 수도 다카에 도착했다. 내가 생각했던 비행장의 모습은 아니었다. 마치 시골 터미널에 온 것 같은 그런 풍경이었다. 오는 내내 비행기는 빗속을 뚫고 왔기 때문에 텔레비전에서 본 것처럼 비행기가 추락할까봐 두려웠는데 도착했다는 기내 방송은 나를 안도하게 했다.

딸 아이는 서툰 영어로 랜딩비자 발급을 받겠다고 의사 표시를 했더니 한곳으로 안내를 해 주었고 그곳에서 랜딩비자를 받았다. 수속을 마치고 나오니 선교사님이 기다리고 있었다. 안내해주는 차를 타고 선교센터로 이동했는데 오는 내내 신기하다는 말을 연발했다. 이유를 물으니 선교 팀들이 많이 왔었는데 이렇게 빨리나온 것이 우리가 처음이라 이렇게 빨리 나올 수가 없다며 고개를 가로저었다.

방글라데시의 기온은 매우 습했다. 잠자리에 들어서도 좀처럼 잠을 이룰 수 없을 만큼 습한 기운 때문에 물속에 들어있는 듯 매우 불편했다. 침대도 있고 에어컨도 있었지만 습기 때문에 매우 힘들었다. 선교사님은 방사선 치료가 끝날지 일주일 밖에 안 되었는데 긴 여행을 한 용기에 박수를 쳐주었다.

다음 날 아침에 맞은 날은 낯선 것의 일색이었다. 남자들은 속옷을 입지 않고 사각 천으로 치마를 만들어 입고 있었고 우리들을 보는 눈들은 우리가 처음 외국인을 보았을 때처럼 신기해했고 호기심이 가득했다. 여기저기를 다녀도 우리는 부러움의 대상이었다. 예쁘다, 예쁘다고 그들은 외쳐댔다.

그도 그럴 것이 내 나이 44살이었음에도 나를 20대로 밖에 보질 않았고 딸아이를 십대로 볼 정도로 우리를 어리게 보았다. 그 사람들 피부보다 우리 피부가 희고 젊어보였기 때문이었고 내가 들고 있던 핸드폰을 볼 때마다 부러워했다. 그곳에서 선교사님은 아이에게 악보를 그려달라는 부탁을 했다. 그곳은 악보가 없어서 아이들을 키보드나 드럼을 가르쳐주면 잘 따라하지만 처음 배운 아이들이 후배들에게 가르쳐 주면 음이 변해 있어서 몇 대가 지나면 다른 음악으로 변한다고 한다. 노래를 잘하는 아이들을 선별해서 그 아이들의 노래를 듣고 악보를 그려달라고 했다. 딸아이가 작곡과를 지망했기에 해봐달라고 한 것이고 아이는 그려보겠다고 했다. 처음 한 곡이 어려웠지 한 곡을 끝내고 나니 속도가 붙기 시작했다.

나는 일주일을 같이 있다가 혼자 서울로 돌아왔다. 딸아이가 걱정했다. 혹시나 말도 안 통 하는데 엄마가 국제 미아라도 될까봐 "엄마, 갈 수 있겠어? 아니면 내가 같이 갈까?" 하며 걱정에 걱정을 했지만 나는 서울에 잘 왔다. 딸아이가 "엄마, 내가 얼마나 행복한 아이인지 여기 와 보니 알겠어요!" 라고 말했다.

나는 내가 목표한 것을 이루었다. 아무리 "넌 행복한 아이야." 라고 해도 아이는 깨닫지 못했는데 방글라데시를 가 보니 환경도 열악하고 버려진 아이들이 많았다. 그 아이들이 선교센터에 많이 있었기 때문이었다. 그런 환경에서 딸아이는 한 달을 있다가 서울로 돌아왔다. 돌아와서 첫마디가 "아, 내가 행복을 몰랐던 것 같아요. 그렇게 열악한 환경에도 사람들은 살고 그 속에서 행복해 한다."고 신기해했다. 그리고 딸 아이는 그랬다. 나 같은 사람이 도움을 줄 수 있는 곳이 있고 도움이 되었다는 것이 참 기뻤고 행복했다고 했다. 나의 목표는 달성했다. 큰 딸 아이가 변할 것이라고 믿었고 아이는 예전과 다르게 긍정적이 되었다. 물론 그것이 오래가지는 않았지만 그때의 일을 상기시켜주기만 하면 '그래, 그런 곳도 있었지.' 한다.

딸 아이는 한 권의 음악책을 만들어주고 왔다고 한다. 대견했다. 그것이 지금도 쓰여 지는지는 알 수가 없으나 배운 것이 많은 여행이었다.

여행을 마치고 나의 삶에도 변화가 찾아왔다. 내가 다시 일어서 보리라! 암을 극복하고 내 아이와 내 삶에 있어서 당당해지리라! 새로운 시작을 위해 나는 일어서고 있었고 속에서부터 솟아나는 에너지를 느낄 수 있었다. 딸 아이와 둘이서 하는 여행이 좋았다. 서로를 많이 알게 되었고 서로를 많이 귀하게 여길 줄 알게 되는 행복한 시간이었다. 나는 그렇게 홀로 세상에 나올 준비를 하고 있었다. 어떤 상황에서도 사람들은 살고 있고 만족하면서 행복을 느끼고 있음에 나도 힘을 내어보고 세상을 향한 질주의 준비를 서서히 하고 있었다.

좁힐 수 없는 거리

위 위 위. 삿대질을 하며 뭐라고 한다. 억양을 보아도 화가 많이 난 것 같다. 말을 못하는 시아버님이 화가 났다. 온통 인상을 찌푸리며 알 수 없는 소리를 지른다. 계속해서 아버버버 삿대질을 하며 금방이라도 뭔가를 던질 기세다. 무서웠다. 이유는 오늘 저녁밥이 질게 되었기 때문이다. 시어머님이 있었으면 바람막이가 되었을 테데 시어머님은 외출 중이다. 어머니와 나는 진밥을 좋아한다. 그러나 시아버지는 밥 두 알이 붙어 있어도 싫어했다. 다른 날 같으면 "어머니, 밥이 질게 되었어요." 하고 말하면 "내가 맛있다고 할게." 하며 시어머니가 선수를 쳐주었다. 시아버님은 당신이 아무리 싫어도 어머님이 좋다고 하면 무사통과할 만큼 어머님을 사랑했다. 그러면 나는 위기를 모면할 수 있었다.

결혼하기 전부터 시아버님은 중풍으로 반쪽을 못 썼고 말씀을 못했다. 남편은 아마도 시아버님이 아프지 않았다면 많이 사랑받았을 거라고 했다. 나는 애교가 많아서 아버님, 아버님 하면서 애교스럽게 했고 밥 위에 반찬을 올려드리

47

면 좋아했다. 딸이 없는 시아버지는 나를 무척이나 귀여워 해주었지만 가끔 이렇게 당신이 싫어하는 진 밥이던지 콩나물무침 이런 것을 드리면 난리가 났던 것이다.

한번은 시어머님은 여행을 갔고 남편은 출근을 하고 난 뒤라서 나와 시아버님, 외국에서 잠시 들어오신 시이모님 이렇게 셋이서 집에 있을 때였다. 갑자기 잘 쓰지도 못하던 팔에 경련이 일어나서 덜덜 떨었다. 결혼한 지 얼마 되지 않아서 무섭기만 한데 덜덜 떠는 시아버님을 어떻게 해야 할지 우왕좌왕 했다. 어떻게 해야 할지 몰라 하는 나를 두고 약속이 있던 시이모님은 출타를 해서 나와 시아버님 둘만 있는 상태에서 나는 공황상태에 빠져 아무 생각이 들지 않았다. 아마도 지금 상태였다면 119에 연락하고 병원 응급실로 갔을 텐데…….. 울고 싶었다. 뭔가 해야 하는데 뭘 해야 할지도 몰랐고 우왕좌왕하며 무서움에 떨고만 있었다. 그러다 구세주처럼 엄마가 생각났다. 친정 엄마한테 전화를 했다. 엄마는 침착하라고 했고 일단 시아버님 손과 발을 따뜻한 물에 담그고 손발을 따라고 했다. 시아버님이 말씀이라도 했으면 어디가 아프다 하던지 아니면 불편하다고 했을 텐데 그것도 아니고 난감한 상황에 시이모님도 나가버렸기 때문에 나 혼자 정말……. 원망스러웠지만 뭐라도 해야 했기에 시아버님을 화장실 앞에 의자에 앉게 하고 따뜻한 물을 세숫대야에 받아서 담갔다. 굳어져 있는 팔과 다리는 세숫대야에 잘 담기질 않았다. 담그는 그 자체가 너무 힘이 들었다. 어찌나 마음대로 안 되던지…….

그리고 손과 발을 모두 바늘로 찔러 피를 냈다. 아플까 겁이 나서 처음에는 살살 찔렀다. 피가 나질 않는다. 두 번째 다시 찔렀다. 그래도 피가 나지 않는다. 여러 번 찔러대니 시아버님은 짜증을 냈고 다행히 세 번째 푹 찔렀더니 피가 났다. 찌른 것에 비해 피는 조금 나왔다. 그렇게 열 손가락, 발가락을 피를 내는데 내 몸은 땀으로 범벅이 되었다. 그러고 조금 있으니 안정이 되었다. 그때서야 남편에게 전화를 걸 생각이 났고 이런 일이 있었다고 말했다. 나는 놀란 내 가슴을 남편이 위로해 주기를 원했지만 남편은 그런 것을 할 줄 몰랐다. 그게 대수냐는 식으로 아무런 대꾸도 하지 않은 채 그냥 잠자리에 들어 버렸다. 야속했다. 혼자서 얼마나 무섭고 힘이 들었는데 남편만 믿고 온 시집인데 이렇게 모른 척 할 수 있나 싶어 소리죽여 울고 말았다. 남편은 정육 일을 했기 때문에 잠을 푹 자지 않으면 칼에 찔릴 수 있다는 생각에 잔소리 한 번 못하고 잠을 자야만 했다.

시간이 흘러 나는 어느덧 예쁜 딸의 엄마가 되어 있었다. 1994년의 일이었다. 시아버님은 축구를 좋아했는데 일본과의 축구경기를 보시며 많이 흥분했고 소리도 마구 질렀다. 그러고 몇일 지났는데 시아버님이 이상한 행동을 하기 시작했다. 바지에 오줌을 쌌고 그 오줌을 이불로 닦아놓았다. 그리고 개수대며 화장실이며 물이 있는 곳을 찾아가서 물을 마시기 시작했다. 깨끗하든 지저분하든 상관없이 물을 마셨다. 나는 문을 잠가놓고 식탁으로 주방을 막아놓고 물을 모두 비우고 정리를 해 놓았는데 지금 생각해 보면 시아버님의 치매가 시작되었던 것 같았다. 오래도록 중풍으로 고생했기에 시아버님도 시어머님도 지쳤는데 누구도 병원에 모시고 갈 생각을 하지 않는 것이 이상했다. 나는 딸 아이의 백일 반지를 팔아서 돈을 만들었다. 딸 아이를 등에 업고 천호동 보훈병원을 찾아갔다. 시아버님은 공군준위였고 눈을 다쳐서 상이군경이 되었기 때문에 보훈병원을 찾아가게 된 것이다.

그해 여름은 정말 더웠다. 혼자 가만히 있어도 땀이 많이 났는데 등에 업은 아이의 체온 때문에 나도 아이도 지쳐갔다. 시아버님을 입원 시키려면 어떻게 해야 하냐고 물었다. 병실이 나면 연락해 주겠다는 이야기에 기뻤다. 그래도 작은 창구를 들여다보며 "저희 시아버님이 많이 아파요. 도와주세요."를 연발했다. 등에 업은 아이는 칭얼댔고 나는 땀을 비 오듯이 흘리고 있었다. 그 모습이 측은했던지 빨리 연락을 줄 테니 가서 기다리라고 했다. 그때 내 나이가 27살이었으니 새댁이 아이와 함께 땀을 뻘뻘 흘리며 그렁그렁 눈물을 담은 눈빛으로 애원하니 그 분도 참 난감했을 것 같다.

시댁 식구들은 이상했다. 나만 그렇게 뛰어다녔는데 아무도 걱정을 하거나 가족회의를 하는 사람이 없었다. 그냥 내가 하는 대로 내버려두었고 처분만 바라고 있었다. 아들이 둘이나 있었는데 큰 집에서도 연락이 없다. 마치 남의 집 이야기인 것 같은 착각을 일으킬 정도였다. 다만 나는 이대로 시아버님이 돌아가시면 남편의 가슴에 한으로 남을까봐 누가 시키지도 않았는데 아이의 백일 반지를 팔고 병원을 찾아간 것이다. 그 다음은 걱정이 집이 2층인데 시아버님을 모시고 병원에 갈 일이 아득했다. 지금 생각해 보면 얼마나 내가 머리가 안 돌아갔던지 친구에게 이런 이야기를 했더니 119를 부르라고 해서 119로 전화를 했더니 거기에서는 성남에서 서울은 시외를 벗어나니 데려다 줄 수 없다는 것이다. 그럼 어떻게 해야 하냐고 묻는 것이 아니라 나는 떼를 썼다. "도와주세요. 그럼 어떡해요." 지나고 보니 얼마나 무지했던지 아님 경험이 없어서인가……. 그곳에서 129를 부르라고 했다. 거기는 사설이니 비용은 발생하지만 모셔다 드릴 거라는 이야기를 듣고 만반의 준비를 하고 있었다.

일주일 후쯤 병원에서 입원하라는 연락을 받았다. 나는 129에 연락했고 그곳에서 사람이 나왔다. 접이식 들것을 들고 2층으로 와서 시아버님을 편안하게 들것에 누여서 구급차를 타고 보훈병원으로 갔다.

나는 매일 남편과 함께 병원으로 출근했다. 남편은 잠실에 있는 직장으로 출근을 하면 나는 아이와 함께 도시락과 기저귀 가방을 들고 병원으로 출근을 했다. 출근길 만원버스 안에서 도시락과 아이의 무게는 장난이 아니었다. 허리는 아프고 다리도 아프고 팔도 아팠다. 매일 하는 이 일이 눈물이 날 지경이었다. 시어머님이 아버님 간호도 하니 밥이라도 싸드려야 한다고 생각했고 시어머님은 나 혼자는 밥을 안 먹는다고 하셔서 나는 아이와 함께 병원으로 출근하는 수밖에 없었다. 시아버님이 병원에 계시니 기어 다니는 딸아이를 풀어놓을 수 없으니 아이가 다른 아이들보다 늦게 걸었는데 그때만 해도 아이가 많이 늦다고만 생각했지 아이가 맘껏 기어 다녀야 자연스럽게 걷는다는 것을 생각하지 못했다. 다행히 많이 업고 있었는데도 아이 다리가 벌어지지 않은 것을 나는 늘 감사하게 생각한다. 그렇게 저녁이 되면 남편이 병원으로 왔고 같이 집으로 갔다. 한번은 젖을 먹는 아이가 배가 고파서 젖을 달라고 울면서 보챘다. 나는 부끄러움을 생각지도 못한 채 젖을 물리려고 하는데 남편은 버스 안에서 젖을 먹이려고 한다고 짜증을 내며 젖을 먹이지 못하게 했다. 아이는 계속 보챘는데…… 나는 고스란히 우는 아이를 달랠 수밖에 없었다.

밤늦게서야 집에 돌아와 그 다음날 싸갈 반찬 준비를 하고나면 나는 늦게 잘 수밖에 없었다. 병원에 오래 있다 보니 옆 병상의 간병인 아주머니들과 친하게 되었는데 간병인 아주머니가 시어머니에게 "며느리랑 손녀 그만 오라고 해요. 안 좋아. 병원에 오래 있으면 아이한테 안 좋아." 라고 말했다. 그 말을 들은 시어머님은 "난 병원 밥 못 먹어요." 하며 내가 오기를 바랐다. 병원에 가서 알게 된 사실이지만 시아버님은 상이급수가 있어서 병원비가 공짜였다. 그것도 모르고 아이 반지를 팔아버린 것을 후회했지만 때는 늦어버렸다. 반지 판 돈으로 이왕 팔았으니 시어머님 보약을 지어드렸다. 시아버님 병간호 하는 사람이 건강해야한다는 생각에 보약을 지어드렸고 시아주버니에게도 인삼 6년 근 한재를 사서 보내드렸다. 그래도 집안 어른이니 내가 챙겨야 한다는 생각에서였다. 보훈병원에 입원했기에 병원비가 공짜라는 것과 돌아가시면 현충원에 가실 수 있다는 사실을 알게 되었고 전기세, 도시가스, 전화세 모두가 할인되는데 그 혜택을 누리지 못하고 있었던 사실을 뒤늦게 알게 되었다. 병원에 있는 동안에도 머리카락과 손톱은 계속 자랐다. 손톱이야 손톱깎이로 잘라드리면 되는데 머리가 많이 자라서 머리 감겨드리는 일이 너무 힘이 들었다. 그래서 간병인 아주머니한테 물어봤더니 머리 자르는 바리깡을 빌려주셔서 내가 머리를 잘라드렸다. 참 신기했다. 의식은 없어도 머리카락이 자란다는 사실이. 남의 머리를 나는 그때 처음 밀어봤다.

일요일 쉬는 날 남편과 병원을 가게 되었는데 정육 일을 하는 남편은 피곤하다며 1층 로비에서 잠을 잤다. 시어머님은 남편과 내가 있으니 집에 들어갔다. 그런데 시아버님이 대변을 봤다는 연락을 받았다. 그때에는 중환자실에서 환자의 필요에 따라 보호자에게 연락이 오면 변을 치우든지 씻기든지 해야 했다. 연락을 받으면 중환자실 달려가서 정리를 하고 와야 했는데 새댁인 나에게는 정말 힘든 일이었다. 그런 내 상황을 남편은 이해해주지 않았고 다른 며느리들도 하는 일이라며 나를 오히려 나무랐다. 그러니 자고 있는 남편을 깨우지도 못 하고 어쩔 수 없이 내가 치우고 있었다. 그때마침 용인 사시는 시외삼촌들이 왔다. 시아버님을 닦아드리고 있는 나를 보며 고맙다는 말을 연발했다.

시아버님은 12월 6일 세상을 떠났다. 장례치를 때에도 나는 장례식장에 있을 수 없었다. 서류를 떼어서 제출해야만 현충원에 갈수 있다고 해서 서류하러 다녔고 시아버님의 상의 처로 돌아가시면 연금을 더 받을 수 있다는 이야기에 그 동안 다녔던 약국에 가서 약을 사려니 약을 산 내역이 기억이 나지 않는다며 해 주질 않았다. 그래서 수소문 끝에 친구의 친구가 약사라는 사실을 알고 봉천동까지 찾아가서 상황을 이야기하고 내역서를 부탁했더니 그 친구의 친구가 해 주었다. 정말로 고마웠다. 친구의 친구였기에 친하지 않았고 같은 중학교를 나왔다는 공통점 밖에는 없었는데……. 장례식장에서 놀라운 일이 있었다. 친정 아버님이 조문을 하러왔는데 용인에 사는 외삼촌이 친정아버지께 장례식장 마당에서 큰 절을 올렸다. "따님을 잘 키우셔서 저희 누님 집에 보내주셔서 감사합니다." 라고 했다. 병문안 왔을 때 내가 시아버님 뒤처리를 하는 것을 보시고 큰 감동을 받았다며 나를 칭찬했다.

시부모님과 함께 사는 딸이 항상 맘에 걸려했고 맘 아파했는데 내 손을 잡으며 친정아버지는 이렇게 말했다. "네가 고생은 했지만 시댁어른들에게 인정을 받으니 됐다고 했다." 그 시외삼촌이 너무 고마웠다. 최선을 다해 시집살이를 했다. 정말로 최선을 다했건만 좁힐 수 없는 거리……. 그래서 시댁인가? 분명한 건 난 딸이 아니었고 시부모님은 시부모님이었다. 그래서 며느리들이 시금치의 시를 싫어하는 이유인가? 내가 만약 딸이었다면 그랬을까? 내가 만약 친동생이었다면 남편은 그렇게 했을까? 그래서 딸 같은 며느리라는 말은 거짓말이라는 이야기를 하는가 보다.

남의 편을 바르게 사랑하는 법

　남편과 나는 아버지의 사업장이 있던 잠실에서 만났다. 아버지는 잠실의 엘지 슈퍼란 곳에서 그릇 장사를 했는데 그곳의 임대 매장이었고 남편은 슈퍼의 정육파트에서 일하고 있었다. 인사성이 밝고 흰색이 잘 어울리던 남편은 아래위로 흰 가운을 입고 걸어가는 모습은 정말 멋있었다. 그리고 남편의 노래 실력이 좋아서 여자 직원들에게 인기가 좋았다. 나는 주말이 되면 아버지를 도우러 매장에 자주 갔다. 애교가 많은 나는 하루에도 수없이 "아빠, 아빠."를 외치며 아버지에게 애교를 떨었고 여동생이 없던 남편은 생머리를 하고 아버지에게 애교를 떠는 나의 모습이 귀여웠다고 했다. 한 번은 배달하던 직원이 남편을 가리키며 "저 형은 노래도 잘 하고 일도 잘하고 성격도 참 좋아. 돈도 잘 벌어." 라고 했고 장난기가 많던 나는 지나가던 남편에게 말을 걸었다. "돈만 잘 벌면 뭐해요? 잘 써야지! 동생들에게 맛있는 것도 사주고 그러세요." 라고 했고 흔쾌히 남편은 "맛있는 것 사 줄 테니 오늘 남아요!"라고 했다. 나는 장난이었기에 집에 갔고 남편은 진심이었기에 일이 끝나고 나를 기다렸다고 했다.

다음 날 왜 집에 갔냐며 많이 기다렸다고 나에게 뭐라고 했다. 그리고 얼마 후에 남편은 정육 기계에 손을 다치게 되어서 병원을 다니고 있었는데 나도 그 무렵 유리그릇을 정리하다가 손을 다치게 되어 자연스럽게 병원을 같이 다니게 되었다. 그러면서 이런 저런 이야기를 나누게 되었다. 고등학교를 갓 졸업한 나는 직장 생활을 하고 있는 남편을 아저씨라고 불렀는데 병원을 같이 다니게 되면서 "아저씨는 무슨 아저씨. 결혼도 안 했으니 오빠라고 불러요." 라고 했다. 교회를 다니고 있던 나는 교회 오빠들을 잘 따랐기 때문에 오빠라는 말이 자연스러워 그러겠다고 했다. 항상 웃으며 인사를 잘 하던 남편의 인상은 아버지에게도 좋은 인상이었지만 정육코너에서 일하던 남편은 소를 작업하거나 돼지를 작업하고 나면 아래위의 흰 가운에 피가 묻어서 그 모습만큼은 아버지가 인상을 찌푸리며 싫어했다. 직업에는 귀천이 없다고 생각하던 아버지가 옷에 묻은 피를 볼 때면 혐오스럽다고 했다.

병원을 같이 다니고 나서부터 우리는 자연스럽게 바깥에서 자주 만나게 되면서 교제가 시작되었다. 내가 뭐가 갖고 싶다고 하거나 예쁘다고 하면 언제나 나에게 그것을 사주며 나의 환심을 샀다. 교제한 지 7년 정도 되었을 때 결혼하기로 했고 남편은 내 부모님의 환심을 사려고 애를 썼다. 교제하는 동안 나는 가락동으로 가게를 옮겼고 남편은 상계동으로 직장을 옮겼다. 그러던 중에 아버지가 암이라는 사실을 알고 힘들어 할 때 남편은 내 곁에서 힘이 되어주었다. 그리고 남편의 말 속에 "나는 부모님께 의지하지 않고 혼자 힘으로 일어설 거야." 라고 했는데 그 말이 너무 믿음직스럽게 보였고 그 말을 듣고 나서 이 사람과 결혼해도 좋겠다는 생각을 하게 되었다. 목사님의 주례로 결혼해야 한다는 부모님의 말에 따라 목사님 주례로 결혼하기로 했는데 그 당시 목사님은 세례교인 이상만 주례를 서 주신다고 해서 그때는 상계동에서 직장생활을 하고 있었는데 일이 끝나면 상계동에서 봉천동까지 와서 세례를 받기 위해 성경공부를 하고 세례를 받고 예수님을 잘 믿겠다고 약속을 한 뒤 우리는 결혼을 할 수 있었다. 삼형제 중의 막내였던 남편은 위에 형이 둘이나 있는데도 부모님과 살고 싶어 했고 결혼을 결심하고 만난 시어머님은 "너 나하고 살래?" 라고 했고 나는 좋다고 했다. 친정에서는 반대했지만 나는 사랑받고 살 수 있을 거라는 자신이 있었다.

그래서 우리의 신혼생활은 시부모님이 계신 집 1층에서 시작하게 되었고 시부모님은 2층에 살았다. 결혼 후 남편은 매일 술을 마시고 어떤 때에는 새벽에 들어오기도 했다. 주변 사람들이 처음에 길을 잘 들여야 한다는 이유로 남편과 매일 술을 마셨고 술을 마시면 잠을 자는 버릇이 있는 남편은 막차를 타고 집으로 오는 버스 안에서 잠이 들어 첫차로 나와서 집으로 올 때가 많았다. 술이 취해서 잠이 들면 어떤 소리가 나도 잠을 깨지 못하는 술버릇 때문에 버스기사가 깨우다가 못 깨우고 차문을 잠가 놓고 집으로 퇴근해 버린 적도 많았다. 아버지는 술을 전혀 마시지 못했고 남편도 나와 교제하면서 술 마시는 것을 보지 못한 나는 매일 술에 취해 들어오는 남편이 야속하고 미웠다. 어렵고 어려운 시집살이에 남편은 신혼 때부터 내편이 아니었다. 시어머니 편이었고 친구 편이라서 내 신혼은 외롭고 쓸쓸할 때가 많았다.

나는 가장으로 아버지의 병원비와 생활비 그리고 동생 학비까지 매일 12시간을 일을 해도 매일 돈이 없어서 물건을 사러 갈 때마다 엄마와 다투었다. 장사해서 돈을 주었는데 형편이 어려워 물건을 사 넣어야 할 돈까지 다 생활비로 써버리니 나는 점점 지쳐갔고 그 생활에서 도망치고 싶었다. 부모님은 한 2년 더 있다가 결혼하라고 했지만 결혼하면 달라질 것 같은 마음에 도망치듯 결혼을 한 것이다. 결혼 후에도 시부모님과의 어려움 그리고 나를 기를 들이겠다며 매일 술 취해 오는 남편에게 정육 일을 하면서 칼을 만지고 기계를 만지기에 다투고 짜증부리면 남편이 혹시라도 다칠까 두려워 말도 못 하고 속앓이만 했다. 결혼해서 힘이 들어도 남편에게 말할 수가 없었다. 언제나 남편은 시어머님의 편이었고 시어머님의 말을 잘 들었다. 남편에게 있어서 어머님이 항상 1순위였고 그 다음은 형이었고 그다음이 아이들이었고 그다음이 나였다. 그것은 결혼 생활 25년이 넘어서도 마찬가지이다.

남편은 정육기술이 좋아서 스카웃 제의를 받았고 월급도 그 당시 평균보다 많이 받는 축에 속했다. 기술이 좋으니 서로 오라고 해서 가면 얼마가지 않아 월급이 부담이 되어 남편이 나가도록 주위 환경을 만들어 회사를 그만두게 되었다. 1년 일하면 1년 정도 쉬었고 6개월 일하면 6개월을 쉬는 일을 반복하다 보니 저축은 꿈도 못 꿔볼 일이었지만 생활비를 아껴가며 돈을 조금씩 저축했다. 아이들의 옷을 사려면 남대문에 골라 골라 하는데서 골라서 사 입히고 조금이라도 싼 것을 사려고 먼 곳에 있는 시장까지 다녔다. 딸들에게 예쁜 옷은 커녕 제대로 된 옷 한 번 못 사 입히고 얻어서 입히고 싸구려만 사서 입혔는데도 예쁘게 자라준 딸들이 늘 고마웠다. 남편에게 있어서 언제나 밀려나는 내 자신을 보면 속이 많이 상했다. 아이들이 맛있는 것을 먹으면 제일 좋은 것은 엄마 꺼, 제일 맛있는 것도 엄마 꺼라고 교육을 시켰지만 정작 남편에게 1순위가 엄마라는 사실이 나를 힘들게 했다. 남편이 나를 귀하게 여겨주고 1순위로 생각해 주었다면 아마도 난 시어머니에게 더 잘했을 것 같았다. 내편이 되어주지 않고 늘 남의 편이 되어주는 남편이 야속했다. 그렇게 여러 가지 어려움을 겪으면서도 시간이 흘러 결혼생활 25년이 되었다. 남편은 자신을 위해 돈을 써보지 못하고 언제나 아이들을 위해 절약하고 저축하는 습관이 있다.

근검절약하며 남의 편으로 알뜰하게 생활했던 남편이 중환자실에서 사경을 헤매고 있다. 술이 먹고 싶어도 술집에서 안주를 시켜놓고 마시지도 못했고 슈

퍼에서 깡소주를 마셨다. 그것도 내가 잔소리 할까봐 눈치 보며 몰래 마시느라 간이 많이 상해서 간경화라고 한다. 지방간일 때부터 내가 신경을 많이 썼지만 새벽같이 일을 가고 아이들이 학교를 가고나면 하루 일하고 하루 쉬는 일의 특성상 가족 몰래 술을 즐겼고 술에 많이 취해 있더니 기어코 간경화 말기라는 판정을 받았다. 이제 이식하지 않으면 생명을 잃을 수도 있다고 한다. 남편에게 내가 해 줄 수 있는 것이 아무것도 없다는 것이 안타까웠다. 간경화로 식도정맥류가 올 수 있다는 의사 말에 언제나 긴장하고 있었는데 얼마 전에 막내로부터 일하던 중에 한 통의 전화를 받았다. 아빠가 코피가 나는데 코피 나는 줄 모르고 자고 있다고 학교를 가지도 못하고 걱정이 되어 내게 전화한 것이다. 119에 연락하라고 하고 누나들을 깨우라고 했다. 남편이 병원에 안 가겠다고 하는 것을 겨우 설득해서 갔다. 응급실에서 혼자 화장실도 가고 했는데 입원하는 것이 좋겠다는 의사의 말을 듣고 입원 절차를 밟았다. 나는 빨리 일을 마치고 병원으로 향했다. 입원을 하고 CT를 찍고 오더니 피를 토했다. 병실에서 간호사실 옆 집중치료실로 자리를 옮기고 식도 정맥류인 것 같다고 내시경을 해야겠다고 했다. 식도 정맥류로 판명되었고 또 정맥류가 터질 수 있으니 중환자실로 가야한다고 했다. 딸아이와 나는 중환자 대기실로 향했다. 마음이 너무나 참담했다. 다음 날 중환자실에 누워있는 남편은 내가 알아볼 수가 없었다. 또 출혈이 있어서 오토바이 탈 때 쓰는 것처럼 생긴 것을 착용하고 있었고 콧줄도 하고 있었다. 그것보다 더 가슴이 아팠던 것은 남편이 의식이 없어서 나를 알아보지 못한다는 것이었다.

절망이 나를 감싸 안았다. 난 또 이 난관을 어떻게 헤쳐 나가야 할까 의문이 들었다. 병원과 거리가 얼마 되지 않아 집으로 왔다. 경황이 없어서 몰랐는데 배낭 하나가 덩그러니 주인을 잃은 채 놓여 있었다. 가방을 열어보니 여러 가지 간식거리와 4개의 통장이 나왔다. 적은 용돈에도 남편은 아들 이름으로 적금을 붓고 있었고 나머지 통장에 조금씩 돈이 들어있었다. 울컥 눈물이 났다. 진정으로 가족들이 원하고 바라는 것이 무엇인지 알지 못한 채 남편은 남편의 방법으로 우리를 사랑하고 지키고 싶었던 듯 보였다. '바보 같은 사람, 바보 같은 사람" 그 생각에 쉽게 잠을 잘 수가 없었다. 남편은 나에게만 남의 편이 아니라 자신에게도 남의 편이었던 것이다. 나는 시어머니 다음이라고 늘 불만이었지만 남편 자신은 나보다도 더 후순위였던 것이다. 남편은 언제쯤 자기편이 되어 있을까? 본인이 없다면 또 다른 누구도 있을 수 있을까? 내가 있어야 엄마도 자녀들도 아내도 있는 것인데 언제나 남만 생각했던 남편의 삶은 도대체 무엇이란 말인가? 남편이 자기 자신을 좀 더 사랑했었다면 이런 일들이 없었을 텐데 하는 아쉬움…….

늘 술에 취해 현실을 회피하려고만 했던 남편이 자기 자신을 사랑하고 어떤 것이 진정한 사랑인지 바로 알았다면……. 왜? 저렇게 몸 관리를 못했을까? 아들이 내게 이렇게 이야기 했다. "엄마는 혼자서도 병원을 가지만 아빠는 병원을 안 가니 내가 같이 가야 해요." 아들조차도 그런 아빠가 안타까웠던 것 같다. "아들아, 엄마가 조금만 아파도 병원을 가는 이유가 뭘까? 그것은 엄마가 건강해야 너희를 잘 챙길 수 있기 때문에 그러는 거야. 아빠도 너희를 사랑하고 지키려면 아빠 자신을 챙기고 사랑해야 하는 거야." 라고…….

그렇다. 나를 사랑하고야 남도 사랑할 수 있는 것이다. 자칫 잘못 하면 남만 챙기고 자신을 챙기지 못해 여러 사람의 짐이 될 수 있다는 사실이다. 그러기에 자신 있게 이야기 하고 싶은 것은 자신을 사랑해야 내 속에 있는 사랑을 나눌 수 있는 것이다. 장사도 밑천이 있어야 하듯이 내 속에 사랑이 있어야 꺼내 줄수 있는 것이기에 바로 사랑할 줄 알아야 하는 것이다.

뒤늦게 찾아온 깨달음

시아버님을 간호하면서 나는 친구들과의 모임이나 만나는 곳에 나갈 수가 없었다. '내가 없으면 식사는 어떻게 하지? '누가 시아버님을 돌보지?' 하는 생각이기도 했지만 가족들도 내가 나가는 것을 좋아하지 않았다. 그 이유는 나는 며느리이기에 당연하게 해야 한다고 생각했고 시집을 오면 결혼하기 전에 했던 행동들은 모두 잊어야 한다고 생각했고 귀머거리 3년, 벙어리 3년, 장님 3년이라고 했던가? 그것을 겉으로 드러내고 그렇게 하라고 한 것은 아니지만 나를 향한 무언의 명령이었다.

안 믿는 집안에 믿는 며느리로 목사님 주례로 결혼한 나는 행동에 제약이 많았다. 내 행동에 문제가 생기면 '모두 믿는 며느리가 뭐 저렇게 행동해? 부모에게 뭘 배웠어?' 라고 질책할까봐 나 자신도 그것을 어느새 포기하고 만 것이다.

막내며느리로 시집 와서 시부모님과 함께 살다보니 내가 누리고 포기해야 하는 것들이 많았다. 같이 살기에 몸이 불편한 시아버님을 누구보다 내가 더 신경 써야 했고 돌봐 드려야 했다.

군인이었던 시아버님은 시간밥을 드시길 원했고 진밥은 싫어했다. 어쩌다 반찬에 콩나물이 나오면 콩나물을 싫어 했던 시아버님의 눈치를 보며 혼이 날까봐 늘 전전긍긍했고 쌀을 잘 씻어서 밥을 해도 왜 그렇게 어려운 시아버님의 밥그릇에 돌이 들어갔던지. 다른 사람은 밥을 잘 먹었는데 자주 시아버님이 돌을 씹곤 하서서 곤혹을 치를 때가 많았다. 중풍을 오래 앓아 오다가 병이 악화되면서 나의 일상은 매일매일 지옥과 같았다.

시어머님이 출타하면 시아버님의 옷을 벗기고 씻겨야 했는데 결혼한 지 얼마 되지 않은 새댁이 하기엔 힘들었다. 남편도 아니고 시아버님을 그것도 온전한 정신이 아니고 정신이 오락가락한 시아버님의 옷을 벗기란 정말로 힘이 들었다. 시아버님의 바지자락을 잡고 어떻게 하라고 이러냐고 울기도 많이 울었다.

시아버님의 병원 생활이 시작되고 그 생활이 길어지면서 환자를 다루는 방법도 늘어갔다. 석션이라고 해서 가래를 빼 주는 것도 배워 봤고 콧줄로 밥을 넣어주는 식사법도 배우게 되었다. 그런 일을 할 때에는 '왜? 내가 난 막내며느리인데 내가 해야 하지?' 하는 생각으로 힘들 때도 많았고 친구들의 모임소식을 듣고 친구들을 만나러 가고 싶은 마음을 접을 때면 슬펐다.

어쩌다 친구들 모임에 가 보면 친구들은 네가 뭐가 못나서 그렇게 사느냐고 나를 불쌍하게 보기도 했다. 그들의 그런 말이나 행동들이 나를 더욱 힘들게 했다. 그렇지만 묵묵히 내 할 일을 하면서 그 시간들을 보냈었던 것 같다. 의무. 책임 이런 것 보다는 그냥 해야 하는 것으로 여기며 할 수 밖에 없었다.

결혼시킨 딸이 보고 싶어도 시부모님과 함께 살다보니 친정 부모님은 아예 우리 집에 올 생각조차 하지 못했다. 딸을 시집 보내고 딸에게 김치를 싸다주기도 하고 입덧하는 딸에게 맛있는 음식을 사가지고 마음 편하게 우리 집에 올 수 없었기에 친정 부모님은 늘 안쓰럽게 생각했다. 못 오게 한 사람은 없었으나 둘 만 살았다면 편하게 왔을 텐데 친정 부모님도 마음이 불편하니 못 온 것이다.

그런 시간들을 보내고 내가 사업을 시작하면서 같이 일하는 직원들의 사정들이 어쩌면 그렇게 병든 부모님을 모시는 사람들이 주변에 그렇게 많던지……. 그중에는 중증이신 부모님을 모시는 사람들도 있어서 그들에게 "힘들겠어요. 힘내세요." 란 위로는 도움이 되지 않았지만 "저도 해 봤어요." 그것이 얼마나 힘든 일인지를……. 이렇게 말을 하면 그들은 어느새 내 손을 잡고 울기도 했고 위로가 된다고 했다.

그때 했던 내 경험이 사람들을 위로하는데 쓰일 수 있다는 것을 뒤늦게 깨닫게 되었다. 지나고 보니 사람이 살면서 여러 가지 경험들과 일들을 겪게 되는데 거기에는 그만한 이유가 있고 후에 있을 일에 대한 대비책이 아닌가 싶다. 병든 시아버님을 모셨던 것, 시집살이, 완고한 남편의 이야기가 내가 직원들과 함께 생활하면서 그들에게 해 줄 이야기가 많다는 것을 깨닫게 된 것이다.

제2장
변화의 과정 속에서 아팠던 이야기

운동회가 있던 날 여지없이 많은 장사들이 교문 앞에 즐비하게 줄을 선다. 그 장사꾼들 중에도 유독 내 눈을 사로잡는 것은 병아리를 파는 장사였다. 막 태어난 노란 병아리들이 삐약할 때면 그것들을 향한 내 마음이 엄마 같은 마음 이었던 것 같다. 어린 내게도 모성본능이 작용하듯이 노란 병아리를 키우고 싶 다는 마음으로 엄마가 준 돈으로 병아리를 사가지고 집에 가면 여지없이 엄마 에게 야단을 맞았다. 금방 죽을 것인데 왜 사가지고 왔냐는 것이다. 이 경험은 한 번쯤 누구나 가지고 있을 것이다. 그 병아리를 애지중지 정성껏 모이를 주 고 집을 만들어 주고 하면서 키우게 된다. 그 노랗던 병아리가 점점 자라게 되 면서 몸집도 커지고 색깔도 변해가는 동안에 나는 많은 시간을 투자해야 했고 사랑과 정성으로 또 엄마의 말처럼 금방 죽어 버릴까봐 노심초사 해 가며 놀고 싶은 것도 참아가며 시간 맞춰서 밥을 주고 똥을 치워가며 키웠다. 노란 병아 리가 닭으로 성장해 가면서 더 많은 고민을 하게 된다. 더 큰 집이 필요하고 그 닭이 돌아다닐 마당이 필요했기에 고민하다가 마당이 있는 친구에게 주었다. 그 닭과 헤어지던 날 얼마나 슬펐던지 그리고 얼마나 잘 길러줄 것인지가 고민 이었다.

누구나 태어나서 성장하게 되고 그 과정 속에서 많은 희생과 고통 그리고 희 열을 느끼면서 자라게 된다. 내가 지금까지 발전해 나감에 있어서 아픔이 없었 다면 어떻게 되었을까? 아픔은 누구나 겪는 것이지만 주저앉아 버릴 것이냐 아 니면 딛고 일어서서 달려 볼 것인가는 후에 오는 결과를 통해서 "아! 잘 견뎌서 이만큼 성장했구나."를 느끼게 되는 것이다. 알에서 부화하는 과정에서부터 아 픔은 시작되었고 성장하면서 더 많은 아픔을 겪게 되는 것이다 그 아픔을 이야 기함으로써 나 스스로 치료를 받고 위로를 받고 나와 같은 아픔 속에 있는 사 람들에게 변화라는 결과물에 대해 이야기 하고 싶었다.

내 사업의 시작점

휴~ 한숨이 절로 나온다. 점점 줄어드는 잔고를 보며 한숨밖에 나오지 않는다. 이것을 어떻게 해야 할까 걱정이다. 남편은 사업 실패로 좌절하고 실망한 채 기운을 차리지 못하고 술로 세월을 달래고 있다. 그것이 다가 아닌데 남편은 그 수렁에서 벗어나지를 못하고 있다. 초롱초롱한 눈망울의 눈을 가진 세 아이가 있는데……. 부모라는 이름의 나와 남편만 바라보고 먹이를 기다리는 아기 새 마냥 우리만 쳐다보고 기다리고 있는데…….

어린 시절 내 부모님은 나에게 완벽한 존재로 여겨졌었다. 무엇이든지 나를 위해 할 수 있는 것을 모두 했던 분이다. 맛있는 것을 사 달라고 하면 사주었고 예쁜 옷도 사주어서 나를 행복하게 해 주었기에 부모님은 내게 든든한 편이었고 아무리 내가 잘못을 해도 내편을 들어 주었던…….

이젠 내가 자라 부모가 되었다. 그때 내가 느꼈던 부모라는 이름이 어느새 내게도 찾아온 것이다. 준비를 채 갖추지도 못했는데 성장했고 결혼하면서 아이를 낳아 부모가 된 것이다.

그런데 내가 생각했던 부모는 생각보다 큰 힘을 가지고 있지 않았고 내가 부모가 된 지금은 내가 할 수 있는 일이 그렇게 많지 않음에 좌절하고 실망할 수밖에 없었다. 그래도 그냥 앉아서 있을 수만은 없었다. 그 예쁜 두 눈을 가진 아이 셋을 어떻게든 잘 길러야 한다는 생각 밖에 없었다.

남들보다 특별하게 잘 키우겠다는 것은 아니다 그냥 평범하고 건강하게 잘 길러야 한다는 것밖에 없었는데 왜 나는 안 되는 걸까? 실망하고 좌절할 수밖에 없었지만 그냥 앉아 있을 수는 없었다.

살림만 하던 내가 할 수 있는 것은 그렇게 많지 않았다. 해 본 것이라고는 아버지를 도와 그릇 장사를 한 경험과 남편을 도와 정육 일을 해 본 것이 다였다. 새로운 시작과 변화는 내게 두려움과 염려로 가득 차 있었다.

다행히 지인을 통해 은행에서 핸드폰 판매를 하게 되었다. 그 당시 은행에서 핸드폰을 파는 일이 많았다. 어려서부터 장사하는 부모님을 보아 왔던 터라 그냥 덤벼 보았다. 핸드폰을 어떻게 팔아야 하는지를 배우고 서류를 어떻게 팩스로 보내야 하는지를 배웠다.

시작한 첫날 1대를 팔았다. 어깨가 축 늘어져 집으로 돌아오면 여전히 예쁜 눈을 가진 내 아이들이 나에게 힘을 주었지만 실패를 맛보고 좌절하며 술에 취해있는 남편을 보면 또 좌절할 수밖에 없었다. 그래도 나는 "그래, 다시 해 보는 거야. 내가 아이들을 길러야 하니 돈이 필요해. 해보자. 할 수 있다."를 대뇌이며 나를 세뇌시켰다. 그 다음 날은 5대를 팔았다. 사장님은 잘한다며 칭찬에 칭찬을 더해 주었다. 재능이 있나 보다! 우쭐해서 신나게 집에 오니 피곤한 줄도 몰랐고 신났다. 금방이라도 뭔가 잡힐 것 같았다. 부모님의 장사수완을 내가 물려받아서인지 일도 재미있었고 신나서 일하니 실적도 좋았다.

사장님은 그런 나를 처음엔 알바로 채용했지만 내 재능을 알아보시고 수당

제로 바꿔서 제시했다. 많이 팔면 더 많은 돈을 가져갈 수 있다는 생각에 좋았다. 열심히 일했고 하루에 15대를 파는 기록을 세우기도 해서 사장님이 직접 와서 밥을 사주시며 오래도록 일하라고 말해주었다.

어느 날 한참 일하고 있는 내게 전화가 왔다. 아이 아빠였다. 돌 지난 아들이 없어졌단다. 나는 눈에 보이는 것이 없었다. 전철을 타고 집에 거의 다와 갈 무렵 또 전화가 왔다. 명혜찬 어린이 엄마냐고……. 아이를 한번 잃어버린 적이 있어서 목걸이에 내 전화번호를 찍어서 해 주었는데 그것을 보고 전화했다고 그렇다고 했다 . 아니, 아기가 전철을 타려고 하는데 부모가 없는 것 같아서 잡았는데 아이가 엄마한테 가겠다고 전철을 타겠다며 막무가내로 버틴다는 것이다. 아이를 바꿔 달라고 했다.

"혜찬아."

"웅."

"엄마야."

눈물이 났다. 도대체 남편은 뭘 한 것이지? 왜? 아이를 잃어버린 걸까? 화도 나고 속상하고 내 자신이 그리고 어린아이들이 불쌍해서 눈물이 났다.

"엄마 갈 테니깐 거기 있어. 알았지?"

"웅. 엄마 빨리 와."

다행이라는 안도와 함께 지워지지 않는 생각은 도대체 집에서 무엇을 했기에 아이가 집에서 나간 것도 몰랐을까 ? 화가 났다. 정말 눈물이 마구 쏟아졌다. 남편에 대한 원망과 이렇게 사는 내 자신이 한심하게 느껴졌다.

효창공원역에 도착하니 정말 아이는 천진한 얼굴로 "엄마." 한다. 어린 아들과 남편이 가끔 출근하는 나를 배웅해 준 적이 있었는데 아이가 그걸 기억하고 있었던 것 같다. 전철이라도 탔다면 하고 생각하니 앞이 캄캄했다. 내 연락을 받고 남편도 전철역으로 왔다. 남편의 말에 의하면 잠이 안 와서 소주를 마시고 잠이 들었는데 아이 혼자 놀다가 심심해지니까 엄마를 찾아 나선 것이었다.

문을 어떻게 열었을까? 남편에게 물었더니 너무 조용해서 잠이 깨어 아들을 찾으니 안 보이더란다. 이 방 저 방 다 뒤지다가 문을 보니 의자가 현관 앞에 있더란다. 어린 아들은 의자를 현관 앞에 두고 자동문을 눌러서 열고 나간 것이다. 문이 열리고 나간 다음에는 자동으로 닫히니 아이가 나갔을 거라고는 생각지고 못했고 현관 앞에 있는 의자를 보는 순간 놀랐다고……:

그놈의 술이 문제다. 그것 때문에 싸우고, 그것 때문에 사업에 실패하고, 그것 때문에 내가 일하기 시작했는데 또 술 때문에 아이를 잃어버릴 뻔한 것이다. 남편과 다투었다. 내가 화를 내니 잘못한 남편이 대놓고 일을 그만두란다. 도대체 우리 5식구는 뭘 먹고 살라고 또 이렇게 어깃장을 놓나 싶어서 속이 상했다. 그 일 말고도 한 번 더 아이를 잃어버릴 뻔한 사건이 있은 후 나는 그 일을 그만두게 되었다.

남편은 취직할 생각도 하지 않으면서 화를 내면 일을 그만두라고만 했고 그것을 견디다 못해 일을 그만두었다. 또 다시 반복되는 생활이 시작되었다. 남편은 밤늦도록 TV를 보았고 낮에는 잠이 안 온다는 이유로 술을 마셨다. 점점 쪼들려 오는 생활은 나를 비참하게 했다.

그러던 중에 목사님의 전화를 받았다. 교회로 오라고 했다. 가보니 낯선 남자가 목사님 앞에 앉아 있다. 목사님은 나를 소개시켰고 그 사람을 내게 소개시켜주었다. 우리 집 위쪽으로 녹즙사무실이 있는데 그곳의 점장이라고 했다. 오전에 일하고 돈을 벌 수 있는 일이라고 했다. 금방 결정을 내릴 수가 없었다. 또 남편이 어떻게 말할지 몰라서 고민이 되었던 것이다.

사람이 필요해서 주위의 교회를 찾아가서 구인을 해야겠다는 생각에 우리 교회를 찾게 되었다고 그분의 이야기를 다 듣고 목사님은 내 생각이 났다고 했다. 그분에게 당신이 내가 소개해 주는 분을 잡으면 그 일에서 성공할 수 있을 거라고 했다고 한다.

어떻게 해야 할지 몰라 결정을 내리지 못하고 있었다. 그런데 매일 술을 먹고 있는 남편을 생각해 돌미나리즙을 시켜주고 싶다고 해서 녹즙부터 먹기 시작했는데 그 지점장은 나를 볼 때마다 일을 해 보라고 권유를 계속했다. 수금하는 것이 걱정이 되었고 잘 할 수 있을까하는 염려 때문에 선뜻 나서질 못하고 있었는데 내가 지나가는 이야기로 공장을 가보고 싶다고 했다.

지사장은 나를 공장에 데리고 갔다. 공장에 가보니 규모가 컸고 무엇보다 환경이 무척이나 깨끗했다. 녹즙기 몇 대놓고 하는 공장인 줄 알았는데 그렇지 않았고 공장에 들어가기 위해서 3단계나 거쳐 소독을 하는 것이 인상적이었다. 무엇보다 야채를 다듬고 씻고 하는 과정이 집에서도 이렇게 하지 못 할 텐데 싶을 정도였다.

일을 해보기로 결심했다. 오전에 일하고 아이를 돌 볼 수 있으니 더욱 좋았다. 그리고 내 주변의 사람들에게 이렇게 깨끗하게 만들어진 것이라면 권해도 좋겠다는 생각이 들었기 때문이다.

일을 시작하는 첫날 나는 일부터 배운 것이 아니라 다른 지사를 방문해서 일을 하고 있는 사람을 따라다녔다. 잘하는 사람을 따라다녀야 해서 나를 시화에까지 보내서 교육을 받게 했는데 그분은 이일로 100만원이 넘는 돈을 벌고 있다고 내게 용기와 희망을 주었다. 다음 날은 구로로 보내졌다. 그분은 빌딩 위주로 다녔는데 걸어서 하고 있었고 그분도 월수 120정도 된다며 해 보라고 권유했다.

"그래, 해 보자."

그렇게 내 녹즙인생이 시작이 된 것이다. 나는 누구보다 열심히 했고 노력했다. 새로 생긴 지사라 전체 고객 수가 23명 밖에 되지 않았다. 그래서 첫 월급이 23만 원이었다. 그때 나는 월수입 200을 목표로 삼고 주변 사람들에게 홍보하기 시작했고 고객 수가 점점 늘었다. 열심히 사는 나를 보며 주변에서 돕는 차원에서 하나씩 먹어주기 시작했고 내가 담당했던 곳이 전자상가였는데 처음에는 걸어서 했고 조금 지나니 고객 수도 늘었고 스피드가 필요해서 자전거를 타기 시작했다. 비가 오는 날에도 눈이 오는 날에도 자전거를 타며 열심히 돌아다녔고 장사하는 분들 상대로 하다 보니 밝게 웃고 다녀야 했다. 부부싸움을 한 날에도 웃어야 했고 몸이 아파도 웃고 다닐 수밖에 없었다.

그런 나를 불쌍하게 보는 사람도 있었고 대단하다고 하는 사람도 있었는데 한 번은 남편의 친구 아내가 내게 이런 말을 했다. "굶는 한이 있어도 남편이 돈을 벌도록 해야지 네가 하니까 네 남편이 놀고 있는 거라고……." 남의 이야기라고 너무 쉽게 하는 것은 아닌가? 나도 그것 정도는 알고 있다. 그러나 아이 셋과 함께 살아야 하는데 어떡하라고 하는 것인가? 나도 놀고 싶었다. 나도 평범한 가정의 주부처럼 아이들이나 돌보고 살림을 하고 싶었지만 매일 술 취해 있고 일할 생각조차 없는 남편을 보면서 일어서지 않을 수 없었다. 그래서 더 악착같이 일을 했다. 아이들을 위해 더 큰 꿈을 꾸어야 했고 목표를 세워야 했다. 내가 200을 목표로 한다고 했더니 지사장은 웃었었다. 그러나 점점 늘어나는 고객 수를 보며 목사님이 한 말씀이 생각이 난다고 나와 같이 일하면 후회할 일이 없고 아마도 성공할 수 있을 거라고 한 말…….

직원이 나 혼자였다가 나로 인해 사람도 늘었고 개수도 점점 늘었다. 나는 월수 200만 원이 되면 지사를 해야지 하고 목표를 세우니 길이 보였다. 용산 역사에 아이파크백화점이 새로 생긴 것이었다. 정말 열심히 영업을 하고 나는 어느새 월 200이라는 금액을 받게 되었다. 그 다음 목표가 지사를 내는 것이었는데 그것도 뜻하지 않게 길이 열렸다. 지사장이 일이 생겨서 못하게 되었고 S사 녹즙이라는 이름에서 E사 생즙이라는 회사와 합병을 하게 되면서 지사를 해보라고 권유를 받게 되었다. 꿈을 꾸고 목표를 세우고 열심히 하다 보니 길이 열린 것이다.

사무실을 낼 돈이 없다고 하자 집에서 하라고 했다. 필요한 집기들도 주겠다고 했다. 기회다 싶었다. 나는 지하주차장 옆에 냉장고 2대를 놓고 잠금장치를 만들었다. 주차장이라 어두워 불이 필요해서 4층 집에서 선을 연결해 늘어뜨렸다. 미관상 보기 싫었지만 같이 사는 동 주민들이 이해를 해 주었고 열심히 해보라고 격려까지 해주었다. 정말 고마운 분들이었다. 내가 하던 물량을 그대로 할 수 있었기 때문에 수입은 보장되었고 집에서 일하는 시간이 많아지니 아이들을 돌 볼 수 있어서 좋았다.

이렇게 나는 사장이 되었다. 정말 보잘 것 없는 출발이었지만 열심히 하니 길이 열렸다. 구하는 자에게 길이 열리고 두드리는 자에게 문이 열린다더니 어둡기만 하던 내 삶에도 빛이 보이기 시작했다. 내 이름 석 자가 적힌 명함을 찍었다. 사업장은 비록 지하 주차장이었지만 E사 생즙 용산지사장 노현숙.

가슴이 벅차올랐고 눈물이 났다.

비가 오나 눈이 오나, 몸이 아프나 기분이 우울한 날에도 나는 한 결 같이 웃으며 긍정적인 생각으로 전진했고 주변사람들도 그런 나를 보며 안타깝다거나 불쌍하게 보는 것이 아니라 정말 대단하다며 격려를 아끼지 않았다. 나를 녹즙에 소개해 주신 목사님은 전무후무한 기록으로 승승장구할 수 있도록 기도의 끈을 놓지 않았고 그런 주변 사람들의 관심과 사랑 속에서 나는 계속 발전해 나갈 수 있었다.

알려라 알려
소문낼 수 있는 자신감

"엄마, 오늘도 팩하세요?"

"응."

"엄마는 대단해요."

"왜? 대단해?"

"엄마는 결심하면 바로 실행에 옮기고 실천하잖아요. 오늘이 벌써 몇 번째세요? 정말 대단해요."

"그래? 우리 딸이 그렇게 이야기 해 주니 엄마가 힘이 나는 걸."

팩을 붙이고 있는데 딸아이가 들어와 말한다. 몇 달 전 강의를 들었는데 거기에서 예뻐지려면 1일 1팩하면 예뻐질 수 있다는 이야기에 실천하는 중이다. 1일 1팩하는 것이 번거롭기는 했지만 매일 이렇게 하는 것이 도움이 되는 것 같아서다. 이것이 내가 바뀌어가고 있는 과정이다. 바뀐 것이 이것 뿐만은 아니다. TV에서 나오는 사람들의 옷을 보고 강의하는 사람들의 옷을 보며 연구하는 내 자신을 보며 놀라는 중이다. 일을 시작했을 때는 편한 옷만 입고 다녔다. 그냥 동네 아줌마 스타일……. 옷만 바뀐 것은 아니다. 예전에 나는 제품만 알리려고 힘을 썼다. 제품 공부를 했고 야채의 특성을 공부하려고 노력하고 체질을 공부했다. 내 일을 아니 내 제품을 많이 알리려고만 했다. 심지어는 길을 걷다가 아이스박스를 보면 저 안에는 뭐가 있을까? 혹시 경쟁사 제품이 아닐까? 생각했다. 이런 생각은 내 지역뿐만 아니라 다른 지역에 가서도 그런 행동은 계속되었다. 그만큼 내 일에 관심도 많았다. 나 자신만 잘하는 것이 아니라 경쟁사가 어떻게 하는지에 관심이 있었고 비교하고 내 상품에 대비 어떤 것을 말해야 내 상품을 어필 할 수 있을지를 공부하고 연구했다. 공장에 한 번 다녀온 후에는 더 자신감이 있어서 내 주위 사람들에게도 내 직업을 소개하고 내 상품을 홍보하기 시작했다.

주변 사람들은 고맙게도 내 말을 들어주었고 내가 엉성하게 시작하는데 밑거름이 되어주었다. 내 이웃들이 나의 마중물(펌프의 시작 전 내부의 공기를 배출하고 물을 채워 양수되지 않는 것을 방지하는 것 또는 그 물의 의미)이 되어 주었고 기꺼이 3개월에서 그 이상을 먹어 주었다. 그 분들이야 말로 내 사업의 마중물이 되어준 것이다. 그 동안에 나는 영업이면 영업, 상품 지식이면 상품지식까지 겸비하게 되어 힘을 낼 수 있었다.

지사장 회의를 가면 사례를 발표하라고 할 만큼 나는 성장했다. 그 밑바탕에는 내 제품에 대한 자신감과 주변에 나를 알고 있는 사람에게 알리고 홍보하였던 것이 주요 요인이다.

이런 생각을 해 보았다. 아주 맛있고 귀한 것이 있다면 누구에게 가장 먼저줄 것인가? 아마도 망설임 없이 내 아이들과 가족, 그다음은 나를 알고 있는 사람에게 줄 것이라고 생각했고 그것을 자랑하고 칭찬했더니 주변 사람들은 나를 믿고 먹어주었다.

그것에 만족했고 주어진 시간에 충실하고 묵묵하게 일하게 되었다. 그것이 다인 줄 알았다. 그것이 내게 최선이었고 최고의 방법이라고 생각했었다. 그러나 그것은 한계가 있다는 것을 알게 되는데는 그리 많은 시간이 지나지 않았다. 고객 수가 늘다가 정체를 보인 것이다. "아! 나도 한 단계 올라가야 할 때가 된 것인가? 뭘 해야 하지?"

그러던 중에 더 발전된 멘트를 하고 싶어서 지인의 소개로 한 영업인을 위한 멘트를 강의하는 모임을 알게 되었고 그곳에서 내 인생에서 최대의 변화가 일어나게 되었다. 그것이 바로 책 쓰기와 여러 가지 변화이다. 나는 세미나를 열고 카페를 운영하고 블로그를 쓰고 유튜브 방송을 하고 있다. 내가 멘트 강의에서 제일 먼저 지적을 받은 것은 내 빠른 말과 억양, 목소리 톤이었다.

사람들이 제일 듣기 좋아하는 소리의 톤이 솔 톤이라고 해서 말 연습을 했었다. 텔레비전 홈쇼핑 쇼 호스트들도 목소리를 잘 들어보면 솔 톤이다. 매일 아침마다 솔 톤으로 말을 연습했고 직장에 근무하는 사람들을 상대로 영업을 하다 보니 자연히 급한 마음에 말이 빨라질 수밖에 없었다. 그리고 쉼표 없이 말을 하다 보니 내가 말하면서 내가 숨이 차는 그런 일까지 생겨났는데 내가 그동안 써오던 말 톤과 억양을 버리는 것이다.

그리고 보니 뉴스를 방송하는 앵커나 교수들 그리고 강의하는 사람들은 솔 톤이 아니었고 낮은 톤이었다. 그리고 말도 느렸다 절대 급하게 말하지 않았고 적절한 말의 쉼표를 통해서 말의 늘리기를 자유자제로 하고 있는 것을 발견하게 된 것이다.

그래, 내가 장사꾼이 될 것이냐, 전문가가 될 것인가는 말에서부터 시작 하는 구나를 알게 되었다. 변화의 시작은 장사꾼에서 전문가로 변신하는 것이었다. 매력이 있었다. 고졸인 내가 전문가가 될 수 있다는 것은 정말 멋진 일이었기 때문이다.

그전에는 상품을 알리고 상품을 소개했다면, 이젠 나를 알리고 나를 소개하는 것으로 바뀌게 된 것이다. 말하는 톤을 바꾸는 과정은 정말 쉽지 않았다. 말톤을 바꾸고 말을 느리게 했더니 주변 사람들은 속 터진다. 빨리빨리 말해라, 혹은 목소리 톤이 낮으니 기운 없어 보인다며 예전에 하던 대로 하라고 권유하고 말렸다. 생각해 보면 다이어트 할 때도 사람들은 나도 해봤는데 힘들어 포기하게 될 거라는 말로 힘을 주기보다는 하지 말라고 말리기가 보통이다.

나에게도 그런 일이 생긴 것이다. 공부한다고 했더니 그 나이에 무슨 공부냐며 나를 격려하기 보다는 말렸다. 심지어는 같이 일하는 직원들도 그냥 하던 대로 하지 딴일 하다가 망하는 수가 있다며 나의 기를 꺾으려고 했다. 살면 얼마나 살겠다고 지금에야 공부를 하고 시간을 투자 하냐며 그냥 사는 대로 살라고 말했다.

그래도 전문가가 되겠다는 결심을 꺾지 못했다. 말을 느리게 하고 톤을 낮추는 일은 생각보다 어려웠다. 50년을 해 왔던 말에서 속도와 톤을 바꾸는 일은 생각지도 않은 여러 난관에 봉착하게 되었다. 영업하는 데도 문제가 생겨 영업 실적이 오르지 않으니 내가 포기해야하나 하고 생각했고 느리게 말하다 보니 고객들은 빨리 말하라며 바쁘다고 짜증내기도 해서 포기하고 싶기도 했다.

실적도 안 오르고 고객에게 핀잔까지 들으니 이게 아닌가 싶을 때도 많이 있었다. 반년동안 연습했더니 지금은 고객들도 내가 처음부터 이렇게 말한 것으로 생각하고 음성과 톤이 좋다는 칭찬을 받게 되었고 친구들도 이전부터 이렇게 말한 것처럼 예전의 내 목소리의 톤과 속도를 기억하지 못했다.

내 발전은 거기에서 멈추지 않았다. 이젠 카페를 만들고 나를 알리는데 주력하기 시작했다. 그와 더불어 블로그까지 보너스로 운영하고, 유튜브에 동영상을 촬영해서 올리기 시작했다.

학교 다닐 때 공부는 안 하고 운동하는 것에만 주력했던 나는 생전 안 하던 글쓰기를 하려니 도대체 뭐부터 해야 하는지 알 수가 없어 막막했다. 왜 그렇게 맞춤법은 틀리고 띄어쓰기가 어려운지 처음 글을 쓰고 카페에 올리고 자랑스러워 딸아이에게 말하고 카페에 들어와 회원가입을 해달라고 했더니 "엄마, 틀린 글자가 너무 많아요. 띄어쓰기도 엉망이고 이거 다 고쳐야할 것 같아요." 라고 한다.

절망이다. 내 아이가 봐서 엉망이면 이거 내 놓지 못하겠다 싶었다. 어떻게 하지? 나는 좌절보다는 배움을 선택했다. 나를 알리려면 분명 이것이 필요하니 해보자! 물어보자! 배워보자! 했다 정말 간절했다.

고졸인 내가 남 앞에서 강의를 할 수 있을까? 그것이 걱정이었다. 사람들 앞에 서는 것도 자신이 없었고 많이 떨리는 일이라고 생각했다. 그것은 배운 선생님이나 강의를 전문으로 하는 분들만 하는 것이라고 생각했다.

'경험은 최고의 스승이다'라는 말이 있는데 내 관심을 끌었던 말은 유일한 스승이라는 말이다. 내가 최고의 스승은 될 수 없을 수 있으나 내 경험은 유일한 스승이 될 수밖에 없다. 그러니 두려워하지 말고 내 경험을 말하기로 생각했고 그것을 동영상으로 찍어서 유튜브에 올리기 시작했다.

그리고 나의 별명을 만들기로 했다. 노현숙이라는 이름 앞에 쑥숙 효과라는 이름을 붙였다. 나를 만나고 나와 함께 하는 사람들이 쑥쑥 성장하라는 뜻과 내 이름의 숙을 함께 붙여서 효과를 만든다고 해서 쑥숙 효과다.

준비는 어느 정도 됐다. 이제 나를 알리는데 박차를 가하면 되겠다고 생각했다. 내 유튜브 영상을 보고 나의 옷차림을 보고 조언해 주었던 분이 있었다. '색은 언어다.' 로 강의하는 분을 알게 되었고 내 콘셉트를 들어보시더니 옷차림에 관해 조언해 주었는데 주로 셔츠를 권해 주었다. 그러고 보니 방송국 아나운서들이 셔츠를 많이 입는 것을 보게 되었다. 그분은 내게 말에도 톤이 있듯이 색깔에도 톤이 있다며 내게 색깔을 골라서 입는 법을 교육시켜주어서 그것을 참고했다.

옷을 세련되게 입고 싶은 것이 내 소망이었는데 색깔을 잘 모르던 나는 옷을 입어도 예쁘게 입는다는 이야기는 못 들었었는데 어느새 내가 이렇게 변해가고 있을 때 전문가 같다는 이야기를 많이 듣게 되었다.

내게 말이 바뀌고 톤이 달라지고 속도가 달라지고 입는 옷이 바뀌고 내 경험을 말하니 어디에서봐도 나는 어느새 전문가의 냄새가 난다고 했다. 이제 나를 알리고 내가 하는 일을 내 상품을 알리듯 알리면 된다. 알리자! 알려!

열등감을 뛰어넘다

연세대 성악과 학생이 아르바이트를 하겠다고 왔다. 우리나라에서 손꼽히는 대학을 다니는 그녀는 정말 열심히 했다. 일도 잘했고 학교 공부도 잘했다. 미팅 시간에 부탁해서 노래 한 곡을 듣기도 했다. 노래는 정말 멋졌다. 그 노래를 들으면 어느 가수가 생각나는 것이 아니라 그녀가 생각날 정도로 그녀의 노래인 듯 착각할 정도였다.

한번은 그녀의 졸업식 공연을 보러갔었다. 드레스를 입은 그녀의 모습은 마치 딴 나라의 사람 같았다. 그녀가 들려주는 노래는 정말 좋았다. 물론 내가 음악적으로 잘 아는 사람이 아니니 다른 사람의 평가는 어떨지 알 수가 없다. 그러나 내게 비쳐진 그의 모습과 음악은 인상적이었다. 그런 그녀는 열등감이 없었을까? 이야기를 들어보면 나름대로의 고민 또는 열등감? 좀 더 날씬했으면 더 긴 호흡을 가졌다면 목소리가 좀 더 높았으면 자신을 돋보이게 하기 위해 그 부분에 대한 질투심으로 인해 열등감이 있었다.

그런 그녀에게 이런 조언을 해 주었다. 네 목소리가 더 아름답다. 그 몸이라야 울림통이 커서 소리가 예쁜 것은 아닐까? 그 열등감이란 누가 주는 것일까? 남일까? 나일까?

그런 이야기를 해 주었던 내가 나만의 열등감 속에서 헤엄치고 있다. 아마도 수영을 잘 하는 선수였다면 열등감의 물속에서 나올 수 있었을 텐데 물을 무서워하는 아이가 물에 빠진 듯 허우적대고 있다. 허우적댈수록 기운만 빠지고 깊이깊이 빠져든다.

분명 나부터 시작인 것이다. 그 누구도 아니다. 자신을 사랑하지 않는 사람이 열등감을 가진다. 이렇게 이야기해도 맞을 것 같다. 즉, 자존감이 너무 약하다 보니 스스로가 열등감에 빠지게 되는 것이다.

나는 고졸이다. 그것도 공부는 무척 못했다. 못 했다기보다는 책상에 앉아 공부를 한다는 것이 싫었던 것 같다. 나는 운동에 관심이 많았고 좋아했기 때문에 운동에만 전념했지 공부하려고 하지 않았다. 잘하는 것을 하고 싶었고 좋아하는 것을 하고 싶었다. 그때는 그런 생각으로 운동만 했는데 지금의 나이가 되다보니 이제 와서 생각이 되는 것은 그때 좀 더 해 둘걸 그때 열심히 해서 대학이라고 갔어야 했는데……. 이런 것들이 나의 자존감을 떨어뜨리고 나를 열등감에 빠지게 된 것이다.

내가 열등감을 가지고 자존감이 떨어지니 가장 큰 문제가 내 아이들이 자신감이 같이 떨어진다는 것이 힘이 들었다. 나 혼자의 삶이라면 어떻게든 견디어 보겠는데 아이들에게 영향이 있다고 생각하니 견디기 힘들었다. 방법이 없을까?

이것을 극복하지 못하면 성공하기가 어렵다는 생각에 빠지게 되었고 내 아이들에게 좋은 영향력을 끼칠지 생각하던 중 전문가가 되자라는 결론에 도달하게 되었다. 지금 내 주변 사람들은 나를 그렇게 평가하지 않는다. 일에서는 긍정적이고 활달하며 배우려고 한다고 실력 있는 사람이라고 말해준다. 그러기 위해서 제품 공부를 했고 전문가가 되기 위해 낮에는 일하고 오후에는 영업을 나가고 저녁에는 공부하기 시작했다. 그런 내게 꼭 필요한 파트너가 있었다. 나태해질 때면 채찍질해 주고 낙담해 있을 때 격려해주는 그런 친구와 같은 사업 파트너가 있었다. 그도 어려서 일찍 두 부모님을 모두 여의고 큰아버님 댁에서 자랐다고 한다. 나보다 두 살 아래인 그와의 만남은 이랬다.

E사 생줍을 하고 있을 때 나는 용산 지사장이었다 그는 화성 지사장이었고 그런 소규모의 지사들을 모아서 성장캠프라는 것을 회사에서 하게 되었다. 거기에 참석하는 사람들이 처음엔 15 지사 정도 되었는데 우리들이 성공하고 싶다는 열망만큼은 그 누구보다 뜨거웠다. 300구좌에서 500구좌 정도 하는 사람들이 그 구성이었으나 모두들 거기에서 만족하지 않고 성장하기 위해 조직을 갖추기 위해 방법을 배우고 연구했다.

1박 2일로 진행된 성장캠프는 날밤을 새워가며 이야기를 했고 여기서 벗어날 수 있는 것이 무엇이 있는지를 서로 이야기 했다. 그곳에서 만난 화성 지사장은 처음엔 나보다 나이가 많은 줄 알았다. 어렸을 때 동생에게 해 주었었던 7 대 3 가르마에 유행 지난 밤색 자켓을 입고 있었고 꽉 다문 입에서는 목소리를 듣기가 어려울 정도로 조용했다. 가끔 입을 열어 말을 할 때면 낮은 목소리에 가끔은 더듬기까지 했다. 반면 목소리가 크고 몸동작이 컸던 나는 그 사람들 사이에 관심을 끌 만큼 소리가 요란했고 수다스러웠다.

나중에 친해지면서 이야기를 나누다 보니 가정사를 듣게 되었는데 일찍 부모님을 잃고 큰집에서 아버지와 비슷한 나이의 형님을 잘 따랐다고 했다. 그 당시 형은 결혼을 하여 형수님과 조카까지 있었단다.

눈치를 받았다기보다는 본인의 처지가 눈치를 볼 상황이었으니 자신도 모르게 형수의 눈치, 큰어머님의 눈치를 보게 되었다고 했다. 조카들이 먹던 계란과자와 웨하스가 먹고 싶어 지금도 계란과자 웨하스를 보면 그때생각이 나서 맛있다고 했다.

그러다 보니 본인스스로가 본인의 부모님이 없다는 열등감 속에 빠져 있다 보니 많은 사람들 앞에서는 그런 대로 이야기를 잘 하였으나 단독으로 만나거나 두세 사람이 모이면 말을 많이 더듬었다. 열등감 때문에 말을 더듬었는데 더듬는 것이 열등감이 되었다고 한다. 이와 같이 많은 사람들이 자신만의 열등감 속에 자신을 가두고 가둔 것이 열등감이 되어 다시 자신을 괴롭히는 물레방아와 같이 계속 돌아가고 있다.

벗어나려면 이전과 다른 생각이 필요하고 교육이 필요하다. 만약 이렇게 생각한다면 어떨까? 이 분야의 독보적인 존재라면…….

장인의 경지에 이른 사람들이 있다. 그 사람들은 그 분야에서 뛰어난 재능을 가지고 있고 꾸준히 하면서 자신을 발전시키고 자신의 일을 발전시키다 보니 장인이라는 이름을 갖게 되는 것이다. 그냥 주저앉아서 있으면 열등감 속에 갇혀 있겠지만 그 속에서 벗어나려고 노력하고 그 분야의 장인이 되기 위해 수없는 실패와 좌절을 맛보고 성공했기에 많은 사람들의 칭찬과 본보기가 되었던 것이다.

누구나 아픔과 고통은 싫다. 노력도 싫다. 그러나 그 뒤에 달콤하게 다가오는 성공이란 누구도 그리워하고 소망하는 것이 아닐까? 그렇게까지 거창하지는 않아도 나도 열등감에서 벗어나 성공에 대한 소망이 있었고 그 소망을 이루기 위해 나는 노력하고 노력하는 것이다.

내가 고졸이라는 것과 공부를 못했다는 열등감에서 벗어나기 위해 노력했고 지금은 그 누구보다도 당당하게 사람들 앞에서 강의를 하고 교육을 한다.

열등감에서 벗어나니 내가 가진 재능이 보였고 그 재능 때문에 감사하게 되었고 감사를 하다 보니 길이 보였다. 절대 열등감이라는 것에 스스로 가둬두지 마라. 그 누구도 당신의 삶에 대해 이런저런 평가할 자격이 없다.

최선을 다해 아프고 자랄 때 성장할 수 있고 성장해야만 성공할 수 있음을 명심하자. 내가 열등감에서 벗어나 홀가분하게 날아 오를 수 있는 것은 그만큼의 아픔을 겪었기 때문이 아닐까?

판단 실수

차를 한 잔 놓고 깊은 생각에 잠겼다. 살아가면서 사람들은 많은 판단을 하게 되고 그에 대한 대가 지불은 어떤 식으로든 이루어지는 것 같다. 자신이 결정한 그 판단이 잘못되었다는 것을 안 그 순간에 오는 허탈감은 이루 말을 할 수가 없다. 또한 그것이 잘못되었다고 시인하는 것도 정말 힘드는 것 같다.

내게는 그런 일이 없을 거라고 생각했다. 순탄하게 살아왔고 누군가에게 피해를 입힌 적도 없었기에 판단을 실수하거나 힘든 상황이 올 거라고는 꿈에도 몰랐다.

나는 E사 생즙이라는 녹즙을 하다가 E사 생즙이 문을 닫는 일을 겪었다. E사 생즙의 대표는 다시 녹즙 일을 할 것이며 조금만 기다려 주면 정상화가 될 것이라고 했기에 그 말만 믿고 있었다. 다른 지사장들은 물건이 나오지 않으니 다른 메이커를 찾아서 녹즙 일을 계속한다고 야단들이었는데 태권도 공인 3단인 나는 의리가 중요하다며 다시 한다고 했으니 기다리겠다고……. 내게 녹즙을 대 먹던 사람들에게 상황 설명을 하고 일단 녹즙 일을 중단하고 E사 생즙의 대표 말만 믿고 우선 생계라도 해야 하니 꽃 장사라도 하라고 했다. 때마침 졸업시즌이었기에 그렇게 배려해준 E사 생즙 대표가 고맙기까지 했다.

꽃을 사서 학교 앞에서 꽃 장사를 하려니 막막했지만 살아야 했다. 비는 추적추적 내리는 날에 꽃을 가지고 나가려니 엄두가 안 났고 서글펐다. 성장캠프를 같이했던 화성 지사장에게 전화를 해서 사정을 이야기하고 꽃 장사를 가야 하는데 없는 돈에 30만 원을 들여 꽃도 샀는데 엄두가 나질 않는다고 하소연을 하면서 꽃을 모두 버려야겠다고 했다. 화성 지사장은 형편도 어려운데 사놓은 꽃이라도 팔아야 손해를 보지를 않으니 그냥 팔러 가라고 했다. 용기를 주는 그 지사장님에게 도와달라고 부탁을 했고 나는 꽃 장사를 나갔다.

신림동에 있는 어느 고등학교 앞에 도착하니 비는 계속 왔고 어느 교회에서 왔는지 10여명이 매달려 꽃을 팔고 있다. 차마 내 꽃을 내놓고 팔 자신이 없어 망설이고 있는데 언덕에서 낯익은 경차 한 대가 내려온다. 차 위에는 E사 생즙이라는 글씨가 쓰여 있었다.

그렇다. 화성 지사장은 도와달라는 내 부탁을 거절하지 못하고 녹즙 일을 끝내놓고 내게 달려와 준 것이다. 화성 지사장은 E사 생즙이 문을 닫고 생계를 책임져야할 가장이라 손 놓고 있을 수 없다며 대상 녹즙으로 메이커를 바꿔서 하고 있는 상태였다.

도대체 뭘 믿은 걸까? 내 신념일까? 아니면 E사 생즙 대표를 그렇게 믿은 걸까? E사 생즙을 믿고 기다린 대가가 나에게는 너무나 컸다. 고객에게 아쉬운 소리를 해야 했고 내 사업을 접음으로 인해 나는 천만 원 가까이를 날려버린 상태에서도 E사 생즙 대표의 말을 믿고 고마워하며 꽃 장사하기 위해 또 이렇게 나와 있다.

화성 지사장은 의자와 파라솔을 가져왔고 그 테이블 위와 의자에 꽃다발을 진열하고 소리 내에 꽃을 팔기 시작했다.

"꽃 사세요. 여기 서양 난으로 만든 꽃다발이 있어요."

나는 물끄러미 쳐다보다가 내가 이러고 있으면 안 되지 나를 도와주겠다고 먼 곳까지 찾아와준 사람도 있는데 하면서 용기를 내어 소리를 질렀다. 적은 인원이었지만 서양 난으로 만들어진 내 꽃다발은 다른 꽃다발과 차별화가 되어 팔리기 시작했고 내가 투자했던 금액에서 10만 원이 더 남았다.

버리려고 했던 꽃이었기에 그 돈은 너무나 소중했다. 꽃은 다 팔지 못했는데도 이익금이 생겼기 때문에 나머지는 다음 날 집근 처에 있는 초등학교에서 팔기로 하고 헤어졌다. 어찌나 고맙던지 비를 맞아가며 도와준 화성 지사장에게 몇 번이고 인사를 했다. 그 지사장도 꽃 장사는 처음이라며 "이런 경험도 하네요." 라고 말했다.

E사 생즙 대표는 끝내 다시 녹즙 일을 하지 않았고 나를 속였다는 것을 알게 되는 것은 그리 많은 시간이 걸리지 않았다. 나와 같이 기다리고 사업을 접고 손해를 봤던 지사장들은 의리를 믿고 그를 믿었는데 하며 한탄했다. 그러나 다시 용산에서 지사를 내기에는 시간이 많이 흘러버려서 녹즙을 할 수가 없었다. 매일 먹던 녹즙을 몇 달 동안 배달을 안 해주니 나와 친분이 있었던 고객들도 다른 녹즙을 주문해서 먹기 시작했기 때문이다.

그 일이 있은 후 같은 지사장이었던 중부 지사장이 나를 보자고 했다. 그는 C 사 녹즙으로 갈아타서 일하고 있었고 사람이 필요한 터여서 내게 연락한 것이다. 그래도 지사장으로 녹즙 일을 오래했으니 같이 해보자며 나를 직원으로 채용했다. E사 생즙이 눈에 익어 있었던 터라 C사 녹즙을 처음으로 대할 때에는 자신이 없었다. 일을 오랫동안 하지 않은 탓도 있었겠고 포장이 촌스러웠다.

중부 지사장에게 제품 공부를 시켜달라고 했지만 지사장까지 했으니 혼자

해보라며 나를 그냥 내버려 두었다. 맛보기 시음이 있었는데 나는 그것을 고객에게 내밀지 못할 정도로 포장이 촌스러웠다.

얼마 지나지 않아서 C사 녹즙은 포장재를 바꾸고 생즙은 병으로 바꾸었다. 제품이 맘에 들었다. 누구에게 가지고 가도 제품이 번듯했다. 그러던 중에 중부 지사장은 마포에 지사자리가 났는데 한 번해보지 않겠냐며 내게 권유했다. 그때 마침 화성 지사장이 서울에서 녹즙을 해 보고 싶다고 내게 말하던 차였다. 화성은 제일 높은 건물이 5층이라 한계가 있다는 것이 이유였고 사업은 서울에서 해야 한다며 꿈을 꾸고 있었다.

화성 지사장에게 마포에 자리가 있다고 했고 그는 내가 같이 동업을 하면 같이하겠다며 같이 하자고 했다. 화성 지사장은 현장 영업이 약했기 때문에 내 도움이 필요했기 때문이다. 의기투합해서 같이 C사 녹즙 마포지사를 시작하게 되었다. 영업도 하고 같이 일하는 직원들과 의기투합해서 정말 열심히 뛰어다녔다. 어느새 개수도 늘고 직원의 수도 늘어갔다.

C사 녹즙을 열심히 하고 있던 중에 이상한 소문이 돌기 시작했다. C사 녹즙이 문을 닫고 B사 녹즙으로 우리 구좌를 판다는 것이었다. 설상가상으로 그 무렵 나는 암 진단을 받게 되었고 수술을 하고 난 뒤였다. 방사선 치료를 매일 다녀야 하는 상황이었는데…… E사 생즙의 상황이 아니 악몽이 떠올랐다.

다시 내가 사업을 접어야 하나? C사 녹즙 대표와 운영진들은 그렇지 않다, 루머라며 대응했지만 내게 E사 생즙 대표가 했던 말과 행동과 다르지 않았다.

겁이 났다. 또 실패할까봐 겁이 났고 내가 아프기까지 한데 벌이까지 없으면 어떡하란 말인가. 막막했다. 가까운 지사장들은 몇몇이 C사 녹즙이 B 녹즙에 팔기 전에 우리가 먼저 B사에 가자고 했다.

처음 지사를 할 때 구좌를 C사 녹즙으로 부터 사고 지사를 열었기 때문에 내 사업을 지켜야겠다고 생각했다. 직원들에게 상황을 설명하고 C사 녹즙이 문을 닫고 우리 구좌를 본사 임의대로 B사 녹즙에 판다고 하니 우리가 먼저 B녹즙으로 가서 우리 사업을 지켜야겠다고 그러니 같이 하자고 했다.

다행히 직원들은 잘 따라와 주었고 우리는 차근차근 B사 녹즙으로 옮길 작업을 하고 있었다. 물론 C사 녹즙 본사에는 특별하게 알릴 필요가 없다고 생각했다. 주변의 다른 지사들과 함께 B사 녹즙으로 옮기는 날 C사 녹즙 본사에서는 영업사원들을 동원해서 직원들을 만나서 지사장이 딴데로 가니 너희는 그냥 하던 대로 하고 그러면 지사에 주던 마진을 너희에게 주겠다고 직원들을 회유했지만 우리 직원들은 나와 함께하겠다고 하고 같이 해 주었다.

공덕에 있는 신원 빌딩 앞에서 C사 녹즙 영업사원들은 고객들을 찾아다니며 내가 고객정보를 팔아서 B사 녹즙으로 갔다고 고객들에게 말하고 다녔다.

방사선 치료를 받고 온 날이라 기운이 없어서 오른쪽에는 큰딸이 부축하고 왼쪽에는 화성지사장으로 있었던 사업 파트너인 과장님이 나를 부축했다.

고객들은 영업사원들의 이야기만 듣고 정말 내가 고객정보를 빼낸 사람마냥 내 말을 들으려 하지 않았다. 방법이 없었다. 그래서 영업사원을 쫓아다녔다 영업사원이 가는 곳을 따라다니며 '아니다. 그렇지 않다.'를 반복했다.

영업사원이 자기 맘대로 일할 수 없으니 나를 데리고 길거리로 나왔다. 그러면서 하는 이야기가 "너 꾀병이지? 암도 아니면서 암이라고 하는 거지? 암 재발해서 죽어버려."라고 내게 말했다.

그 말에 딸아이는 울면서 어떻게 아픈 사람에게 그렇게 말하며 대성통곡을 했고 그런 딸아이를 보니 화가 나서 내가 죽으면 너와 네 자식을 꼭 찾아가겠다며 서로 악담을 주고받았다. 전쟁도 그런 전쟁이 없었다.

지금은 C사 녹즙은 C사 녹즙대로 우리는 우리대로 각자의 길을 가고 있다.

내게 악담을 했던 그 영업사원은 그 다음으로는 우리 쪽으로는 오지 않았다. 화가 나서 그런 말을 했겠지만 아마도 실수한 것을 알아서 내 얼굴보기가 미안했었나보다.

지금도 C사 녹즙은 건재하다. 정말로 B사 녹즙에 팔려고 하다가 우리에게 들켜서 우리가 먼저 B사 녹즙으로 가버려서 일이 틀어진 것인지 아니면 처음부터 계략이었는지는 알 수가 없다. 내가 본 것은 B사 녹즙과 C사 녹즙대표가 서로 만났고 전화도 자주 주고받은 내용을 보기도 했기 때문에 내가 그렇게 판단할 수밖에 없었다. 아마도 내가 E사 생즙에서 대표의 말을 믿고 사업을 접은 일이 없었다면 어땠을까? 지금도 그때 일을 생각하면 지옥이 따로 없었다. 몸과 마음이 모두 지옥이었는데 아마도 진실은 B사 녹즙과 C사 녹즙 대표들은 알고 있을 것이다. 그 일을 통해 내가 배운 것은 어떤 판단이든 잘했던 못했던 판단을 하게 되면 어떠한 식으로든 대가지불은 분명 있다는 사실이다.

좋은 대가 지불이든 힘든 대가 지불이든.

신뢰하는 목소리

목소리에도 종류가 있을까? 목소리의 무엇 때문에 그것이 달라지는 것일까? 그리고 보니 선생님들의 말을 들어보면 급하지 않다. 느리다. 선생님들의 이야기를 들어보면 급하게 서두르지 않는다. 이야기를 들어주고 기다려준다.

급하게 서두르다 보면 속도는 낼 수 있어도 놓치는 것들이 보기보다 많다는 것을 알게 되었다. 난 속도가 빠르다. 농담처럼 말하는 것은 '난 뭐든지 빨라.'이다. 속도가 빠르다 보니 실수가 많고 실수가 많다보니 잃는 것이 많다. 이것을 생각해 본적도 생각해 볼 시도 조차도 안 했던 것 같다.

난 운동을 좋아하고 운동하는 사람이라 스피드가 생명이라고 생각했다. 그러다보니 걸음걸이도 일의 속도도 엄청 빠르다. 다른 사람이 한 시간 동안 해야 할 일을 나는 배나 빠르게 한다. 일어나는 것도 다른 사람보다 더 일찍 일어나서 빠르게 하기 위해 준비한다. 아마도 그것은 속도를 내기 위함도 있고 실수를 줄여보겠다는 마음도 있었다.

말도 빨랐다. 빠르다 보니 어떤 때에는 내 생각보다 말이 먼저 나가서 실수를 할 때도 많았다.

사무실 가까운 곳에 있는 시장을 가 보았다. 시장 사람들이 높은 톤으로 빠르게 이야기를 한다. 물건을 권하기도 했고 팔기도 했다. 시끌시끌하나 정감이 있었다. 더구나 명절 즈음에는 더 빨라지고 더 소리가 높아졌다. 그것은 더 많은 사람들을 모으고 더 많은 사람을 상대하기 위해서다.

얼마 전 홈쇼핑에서 보험을 권하는 전화를 받았다.

"네, 고객님 안녕하세요. 저희 홈쇼핑을 이용해 주시는 분들께 특별한 혜택이 있어서 연락 드렸어요. 잠시 통화 가능하실까요?"

숨이 찼다. 얼마나 빠르게 이야기를 하던지 잠시 딴생각을 했다간 무슨 이야기를 하는지 통 알 수가 없었다. 그래서 집중해서 들어야 했다.

"아, 네 제가 바빠서요. 죄송합니다." 하고 전화를 끊었다.

그랬다. 전화 끊기 전에 빨리 이야기를 해야 하나라도 성사시킬 수밖에 없었다. 나는 선택해야 했다. 장사꾼으로 영업을 해야 하나 아니면 전문가로 이야기해야 하나?

솔 톤이 듣기 좋은 목소리라는 말을 듣고 매일매일 목소리 톤을 올리는 연습을 해 왔었다. 그런데 김주하 대표님의 주하효과를 듣던 날에 김주하 대표님은 나를 앞으로 일부러 세웠다. 평상시에 고객과 전화하는 것을 해보라고 했다.

"네, 고객님. 안녕하세요." 라고 했을 뿐인데 그가 "됐다." 라고 한다. 내가 높은 톤으로 '고객님'하고 불러서이다. 연이어 내게 질문을 한다. 본인이 전문가라고 생각 하냐는 것이다. 내가 "네, 녹즙 경력 20여년 정도 되었고 이 분야에서는 전문가라고 생각합니다." 라고 했다. "아나운서들이 말하는 것을 본 적 있나요?" 라고 질문했다. "그분들이 어떻게 하는지 생각해 보세요." 라고 했다.

만약 뉴스를 진행하는 사람들이 뉴스 진행을 시장에서 장사하는 것처럼 하게 되면 어떻게 될까? 말은 잘 전달이 될까? 굉장히 이상하고 웃을 것 같다. 반대로 시장에서 장사하는 분들이 느리고 톤을 낮게 하면 또한 어떨까? 그것 또한 이상할 것 같다. 마치 모임의 분위기를 생각하지 않고 옷을 입은 것 같지 않을까? 잔치 집에 상복을 입고 가면 어떨까? 극단적으로 표현하기는 했지만 그 목소리도 그것과 같지 않을까? 그렇다고 장사하는 분들의 목소리와 톤이 틀렸다고 하는 것은 아니다.

내가 말하고 싶은 것은 상황과 분위기에 맞는 목소리와 톤이 있다는 것이다. 전문가라면 신뢰 있는 목소리로 설득력 있게 들려져야 하는 것 아닌가? 마치 강의하듯 뉴스 앵커가 뉴스를 전달할 때의 목소리처럼 말이다.

나는 오늘도 그 목소리를 갖기 위해 연습하는 중이다. 분위기에 맞는 목소리와 톤을 가지기 위해……. 아나운서들을 만날 기회가 많다. 그들을 보면 대본을 끊임없이 읽으며 연습을 한다. 겉으로 보게 되면 원래부터 타고난 것은 아닐까 싶었는데 그 전문가들도 계속 연습하고 노력하는 것을 보았기 때문에 나도 그들처럼 되고 싶어서 연습에 연습으로 노력 중이며 나는 오늘도 진행 중이다.

잘하는 일과 중요한 일

부모들에게 물어본다. 자녀에게 잘하는 일을 하게 할 것이냐? 아니면 좋아하는 일을 하게 할 것이냐? 물으면 대답은 뻔하다. 대부분은 좋아하는 일을 하게 한다. 그렇다면 지금 이 순간 당신은 잘하는 일을 하고 있는가? 아니면 좋아하는 일을 하고 있는가? 망설이게 된다. 잘하는 일 보다는 좋아하는 일을 해야 오래가고 질리지 않는 다는 것이다 직업에 대해 지금 좋아하는 일을 하고 있는가? 대부분의 사람들이 살기에 급급하다보니 좋아하는 일을 하느냐고 물으면 선뜻 대답을 못한다. 얼마 전 한 고객이 내게 질문한 것이다. 방송국에서 알게 된 고객인데 웃으며 배달을 갔더니 내게 물어 본다.

"몇 시에 일어나세요?"

"3시 반이요!"

"3시 반이요? 그때부터 일하세요?"

"아니요. 그때 일어나서 하는 일이 있어요. 백백 드림이라고요."

"네?"

"열왕기 3장에 솔로몬 이야기가 나와요. 솔로몬이 일천번제를 드리는 장면 이요. 그리고 하나님으로부터 네게 무엇을 줄꼬? 라는 말에 솔로몬은 지혜를 구하게 되지요. 그래서 저도 금년의 소망을 매일 100번씩 100일 동안 씁니다. 솔로몬이 지혜를 선물 받은 것처럼요. 그렇게 이루고 싶은 꿈을 매일 쓰고 고객 앞에서 있는 시간을 늘리려고 층마다 물건을 정리하고 현장에 7시면 시작합니다."

"그런데 아주머니는 피곤하지도 않으세요? 저는 그 시간이면 한밤중인데요?"

"그래서 일찍 자려고 합니다. 그리고 습관이 되기도 했어요."

"항상 밝고 즐거워 보여서요? 이 일이 좋으세요?"

"네, 제가 잘하고 관심 있는 일을 찾아서 하다 보니 신날 수밖에요. 좋아요."

고객이 고개를 끄덕인다. 그랬다. 나는 사람을 좋아한다. 사람을 만나서 이 야기를 나누고 웃고 하는 것이 행복하다. 매일 사람을 만나는 것이 좋으니 영업을 시작했고 그리고 주부로 잘하는 것은 음식 하는 일과 가족을 챙기는 것이고 그것을 일로 만나니 좋을 수밖에 없다.

"못하는 일을 잘하려고 하면 스트레스인데 잘하는 일이고 사람을 좋아하니 영업을 할 수밖에 없지요."

매일매일 즐거웠다. 고객은 백화점에 가보면 인사들을 하는데 즐거워서 혹은 좋아서 하는 인사는 아닌 것 같은데 아주머니는 뭐가 그렇게 좋은지 항상 웃고 다니기에 한번 물어보고 싶었다고.

세상에는 별로 중요하지 않은 일로 날마다 바쁘게 사는 사람들 많다. 그들은 무엇이 중요하고 무엇이 중요하지 않은가를 생각지도 못한 채 중요한 일에 써야 할 시간과 노력을 쓸데없는 일에 낭비할 때가 많다. 이런 사람들은 누구와 만나 얘기를 나누더라도 겉모습에만 눈을 빼앗겨 상대방의 인격에는 통 관심을 갖지 않는다.

내 주위에 같이 연극을 보러 가더라도 내용보다는 무대 장식에만 정신이 팔려 정작 중요한 연극보다는 다른 것에 마음을 빼앗겨서 중요한 부분이 생각이 안 난다고 말할 때가 있다. 연극을 보러 간 것인지 무대 장식을 보러 간 것인지……. 우리는 바쁘다는 이유로 좋아하는 일을 찾아 나서려고 하지 않고 그냥 인연이 되는 것을 고르게 된다.

내가 좋아하는 일을 하다 보니 자기계발을 위해 많은 시간을 투자할 때가 많다. 그것도 내가 시간표를 써보니 시간이 남는다는 것도 알게 된 것이고 그 시간을 알차게 쓰고 싶어서 나에게 투자하는 공부를 하고 노력을 하게 된 것이다.

그것도 불과 1년 전부터 생긴 것이다. 이런 후회를 할 때가 있다. 좀 더 빨리 알았더라면 좀 더 나를 사랑하고 내 발전을 위해 시간을 투자하고 노력했더라면…….

하지만 늦지 않았다고 생각하고 지금이라도 할 수 있게 된 것이 감사하고 또 감사하다. 아마도 싫은 일을 하게 된다면 이렇게 노력을 할까? 내가 이렇게 쓰는 것을 본 사람들의 두 가지 반응이 있다. '와, 대단하다! 나도 한 번 해봐야지.' 하는 사람과 '야, 잠 잘 시간도 없는데 그냥 자.'라고 한다.

어느 것이 나를 위하는 것일까? 누가 진정 나를 위해 하는 말인지 한 번 생각해 보자. 내가 이렇게 매일 쓰면서 주변 사람들에게 권해 본 적이 있다. 그들은 여러 가지 이유를 대며 하지 않았다. 그것이 좋아하는 일을 할 때 나를 발전시키는 일을 할 수 있는 것이다.

마음에 소원하면서 구하지 않고 찾지 않는데 열릴 이유가 없는 것이다. 부자가 되고 싶으면 부자를 소원하면서 부자가 되기 위해 여러 가지 노력을 해야만 부자가 될 수 있을까 말까하는데 감나무 밑에서 감이 떨어지기를 입만 벌리고 기다리고 있다고 그 감이 내 입으로 들어올까?

바닥에 떨어질 수도 있고 새가 와서 쪼아 먹어 버릴 수도 있다. 소원이 있으면 구하라. 그리고 찾으라. 그러면 어느새 열려서 내 손에 들어와 있을 수 있다.

나는 성공하고 싶다. 그리고 2등은 싫었다. 일단 마음먹고 하자! 1등을 하자! 그래서 열정적으로 덤비고 잠도 줄여가면서 오늘도 나는 전진한다. 그것의 기초가 좋아하는 일을 할 때 꾸준히 할 수 있고 지치지도 않는 것이다.

좋아하는 일을 하자!

태권무

"왜 이렇게 늦었니? 놀지 말고 집으로 곧장 오라고 했잖아."

엄마의 호통이 이어졌다. 놀지 않고 집에 오려고 했는데 친구들과 조금만 이야기 하다가 집으로 가야지 했는데 평소보다 1시간이나 늦어버렸다. 집에 가면서 가슴이 콩닥콩닥 두근거렸다. 엄마에게 야단을 맞게 될까봐 걱정이었다.

집에 달려와 제일 먼저 하는 것은 가방은 던져놓고 아버지가 하는 그릇가게에 가서 도와야 했다. 중학생인 내가 친구들도 왔다 갔다 하는 시장 통에서 아줌마들 상대로 그릇 장사를 하고 있다.

고무다라이 배달 일이 나왔다. 아버지는 내게 배달하라고 한다. 나는 짐을 싣는 나보다 더 큰 커다란 자전거를 끌고 와서 고무 통을 싣는다.

헐, 자전거 앞바퀴가 들린다. 도저히 달리면서 자전거를 탈 수가 없어서 아버지가 잡아주면 자전거를 먼저 타고 바퀴를 굴린다. 고무다라이의 무게가 자전거의 무게보다 더 무거웠기 때문이다. 마음은 조마조마하다. 잘못하다가 자전거가 넘어지면 다칠까봐 걱정이 되는 것이 아니라 자전거 뒤에 실려 있는 고무 통이 깨져 버릴까봐 걱정이었다.

오늘은 무사히 배달했다고 생각하며 자전거에서 내리려고 하는데 뒤에 실려 있는 고무 다라이가 너무 무거워서 앞바퀴가 들리면서 고무 다라이가 떨어졌고 자전거도 넘어졌다. 다행히 다라이는 깨지지 않았다. 안심을 하고 자전거를 세워놓고 집안으로 들어가서 배달했다.

"아니, 학생이 배달 왔어? 어떻게 왔어? 정말 착하고 대단하다." 그 소리를 듣고 누군가 방문을 여는데 우리 반 친구가 나온다.

"어머, 지은아?"

창피함을 무릅쓰고 친구의 이름을 불렀다. 친구는 놀라하며 나를 엄마에게 소개시켜주었다. 돌아서 나오는데 친구는 과외 받으러 간다고 했다 나는 과외는커녕 아버지 일을 도와야만했다.

9시가 넘도록 아버지를 도와주고 집으로 오면 10시 정도였다. 초저녁 잠이 많은 나는 그때부터 졸려서 숙제하기도 힘들었고 시험 기간에도 공부는커녕 꼭 아버지 가게에 가서 도와줘야만 그날 하루를 야단 안 맞고 넘어갈 수가 있었다.

이런 일도 있었다. 아버지라고 부르면 깎아 달라고 아줌마들이 말할까봐 아버지를 아저씨라고 불렀다. "아저씨, 이건 얼마에요? 아저씨, 저건 얼마에요?" 했다. 그러니깐 그 아주머니가 이렇게 말했다. "아저씨는 무슨 아저씨에요? 얼굴이 똑같이 생겨서 딸인 걸 알겠는데. 완전 붕어빵이에요."

난 육상선수가 되고 싶었다. 농구를 좋아해서 농구선수가 되고 싶었지만 농구가 있는 학교를 가질 못했다. 그래서 육상도 좋다고 생각해서 운동부를 찾아가서 운동하겠다고 했다.

선생님은 체격이 좋다며 좋다고 해보라고 했다. 달리기 운동을 하느라 나는 집에 일찍 갈 수가 없었다. 그래서 어쩔 수 없이 난리가 났다.

아버지를 도와 주어야 하는데 아무 짝에도 쓸모없는 운동을 하려고 한다고 야단을 쳤고 심지어는 체육 주임 선생님을 찾아가서 우리 딸은 운동을 할 수가 없다고 단호하게 말하기도 했다. 난 절망했지만 어쩔 수가 없었다. 가정 형편상 내가 꼭 아버지를 도와 드려야 했기 때문이다. 나의 재능을 알아보고 체육 주임 선생님은 우리 집까지 찾아와서 부모님을 설득하려 했지만 할 수가 없었다.

고등학교에 진학하게 되었다. 태권도부가 있다. 나는 어려서부터 태권도 하는 아이들이 부러웠다. 그래서 발차기를 좀 했더니 친구들이 태권도 3단이라고 남자 아이들에게 말하기도 했다. 그 당시 나는 태권의 태권도 모를 때였는데 그 태권도가 이 학교에 있다.

나는 태권도 부실을 찾아갔고 운동하기로 했다. 부모님에게는 운동한다는 이야기를 하지 않고 몰래몰래 운동하고 다녔다. 또 못하게 될까봐 걱정이 되었기 때문이다.

운동부에 들어가니 태권도와 태권 무를 가르쳐주었는데 그 동작이 절도 있고 그 모양이 아름다웠다. 무척이나 하고 싶었고 그것이 배우고 싶어 나는 안달이 날 정도였다. 선배들은 텔레비전 출연도 여러 번하게 되어 선배들을 볼 때마다 부러웠다. 문제는 내 발차기에 있었다. 손동작과 발동작은 되었는데 발차기를 할 때 절도 있게 공중에서 딱 멈춰서 그 선이 아름다워야 했는데 내 발차기는 공중에서 풍에 걸린 사람마냥 덜덜 떨렸다.

굉장히 힘들었고 친구들은 더 높이 그리고 공중에서 잠깐이라도 잘 멈췄는데 나는 그것이 어려웠고 점프를 할 때도 높이 올라가는 것이 아니라 나는 침몰하는 배와 같았다. 그래서 운동부 사범님은 나를 보고 '침몰하는 배'와 같다고 놀렸고 내 별명이 되었다. 선배들이 팀을 나누어서 가르쳐주었는데 내 발차기와 점프가 너무 엉망이어서 넌 운동 체질이 아닌 것 같다며 내 기를 꺾어 놓았다.

그래도 하고 싶었다. 그것도 잘 하고 싶었다. 방법이 없었다. 남들보다 안 되는 것은 더 노력하는 것이라 생각했고 운동부 모임 시간보다 2시간 먼저 가서 혼자서 연습했다.

발차기가 잘 안 되었기 때문에 벽을 붙잡고 혼자 연습할 수밖에 없었다. 안 그러면 나가라고 할까봐 겁났고 엄마가 이 사실을 알게 될까봐 겁나서 나는 더 열심히 했다. 여름에는 얼마나 땀을 흘리고 했던지 정수리부터 나는 땀은 머리 끝에서 어깨로 뚝뚝 떨어져 나는 항상 땀 냄새가 많이 났다.

혼자서 연습하는 것을 모르던 선배들은 옷 좀 빨아서 입으라고 할 정도였고 내 모습은 마치 물에 빠진 생쥐와 같았다. 그래서 별명이 '물에 빠진 생쥐'라는 별명이 내게 또 붙어서 내 두 번째 별명이 되었다. 절도 있게 머리를 틀 때면 옆에 있는 친구들에게 그 땀이 튈 정도로 땀을 많이 흘렸다.

그렇게 연습하던 중 내가 일찍 와서 연습한다는 사실을 바로 한 살 위의 선배 한 명이 알게 되었고 그 모습이 안타까웠는지 나를 가르쳐주기 시작했다. 그 선배가 고마웠고 좋았다 우리가 하던 태권 무중에 마이클 잭슨의 'Beat it'이라는 음악에 맞춰서 하는 것이 있었는데 그 당시에 그 태권 무는 앞으로 안하겠다는 사범님의 공지가 있었지만 그것이 배우고 싶었다. 선배에게 말해서 배우고 싶다고 했더니 흔쾌히 가르쳐 주었고 내 제일 친한 친구 경애가 그것을 알게 되었고 내게 가르쳐 달라고 했다.

나는 그것이 내게 어떤 기회를 가져다줄지 모른 채 배우고 배운 것은 친구

경애에게 가르쳐주었다. 얼마 지나지 않아 기회가 왔다.

바로 한 살 위의 선배들이 무슨 이유에서인지 운동부에 전체가 나오지 않았는데 방송국에서 섭외가 온 것이었다. 사범님은 새로운 것을 다시 가르쳐서 방송에 나가기 어려웠기에 기존에 하던 Beat it을 하기로 했는데 인원이 모자랐다.

사범님은 혹시 Beta it 태권 무를 알고 있는 사람이 있느냐고 물었고 친구들은 아니, 안 한다고 해서 안 배웠는데 무슨 소리냐는 표정으로 있을 때 나는 손을 들었고 친구 경애도 손을 들었다.

동기들은 '뭐야? 쟤들은 어떻게 알고 있지.' 수군거렸다. 그때 느꼈던 것은 준비하는 사람만이 기회가 온다는 사실이었다. 감사하게도 운동 체질이 아니라고 했던 내게 3학년 선배들과 함께 당당히 텔레비전 출연을 하는 기쁨을 맛보게 되었다.

태권 무를 할 때 맨 앞자리 그리고 가운데 자리가 가장 잘하는 사람 그러니깐 주전 멤버만이 설 수 있는 자리였는데 열심히 하고 꾸준히 연습한 나에게 그 자리가 주어져 나는 사범님의 눈에 들게 되었다.

한 번은 학교에 태국왕족이 태권 무를 배우고 싶다고 우리 학교를 찾아오는 일이 생겼다. 여자 분이었는데 그것은 동기 중 주장이었던 영희와 내가 맡아서 가르치게 되는 기회가 생겼다. 난감했다. 영어도 안 되는데 어떻게 하란 말인가?

우리는 운동부였기에 명령에 복종하는 군인들처럼 그 말을 따르지 않으면 안 되었다. 정말 손짓 발짓으로 가르쳤다. 우리가 어떤 동작을 하면 그 왕족이 어떤 낱말을 되풀이 했다. 우리는 그 낱말을 하면서 동작을 보여주면 그녀가 웃으며 했기에 그 동작을 그렇게 설명하면 되겠구나 하며 열심히 가르쳐 주었다. 그 왕족이 일정을 마치는 날 강당에 모여 있는 조회 시간에 강단에 서서 미스 전, 미스 노에게.

잘 배우고 간다고 했고 그것 때문에 나는 '노력파 미스 노'라는 세 번째 별명이 생기는 기회가 되었다. 나는 운동 장학생이 되었고 2학년 때부터 장학금을 받게 되었고 형편이 어려웠던 나는 엄마에게 당당히 말할 수 있게 되었다.

운동해서 운동 장학생이 되었으니 운동을 그만하라고 하지는 못하게 되었기에 나는 그때부터 신나게 운동할 수 있었다. 그러다 보니 후배들에게도 내가 알려져 운동부가 아닌 아이들도 나를 따르게 되어 생일을 맞으면 후배들이 선물을 들고 집으로 배달하는 일까지 생기게 되었다. 그런 속에서도 집안 형편은 나아지질 않아서 수학여행 졸업여행은 상상할 수도 없었다.

졸업 여행 때의 일이다. 부모님은 형편이 어려우니 졸업여행은 안 갔으면 좋겠다고 했고 한참 사춘기에 있는 나에게는 절망 중에 절망이었다. 친구들은 다 가는데 나만 학교에 가서 수업을 받아야 하나 죽고 싶다는 생각을 할 정도로 절망이었다. 졸업 여행을 떠나기 전날 친구가 내일 서부역으로 시간 맞춰서 나오라고 했다 나 대신 선생님에게 간다고 했고 돈도 냈다는 것이다.

떠나는 날 학교 간다고 엄마한테 말하고 나는 간단한 옷을 싸가지고 서부역으로 갔다. 가보니 가면서 먹을 도시락이 후배들에 의해 10개가 내게 주어졌고 한 후배가 나를 불러서 갔더니 봉투 하나를 내 민다. 이게 뭐냐고 했더니 편지라고 기차 안에서 보라고 했다. 그 당시 난 친구와 후배들에게 인기가 많았다. 편지를 받는 일이 많았기 때문에 별 생각 없이 기차를 탔다.

들떠서 친구들과 수다를 떨던 중에 편지 생각이 나서 편지를 열어보니 편지 속에는 짧은 편지와 3만 원이 들어있었다. 후에 들은 이야기이지만 내 이야기를 그 후배는 후배 엄마에게 말했고 한참 방황하던 딸이 좋아하는 선배이고 내가 잘 잡아주어 맘을 잡고 공부하게 되었다고 나를 예뻐했는데 형편이 어려워 졸업여행을 못 가게 되었다는 소식에 후배에게 돈을 보내 준 것이었다.

그 후에도 그 후배 어머님은 종종 내게 옷을 사서 보내주기도 하고 간식도 보내 주었다. 결혼하고 나서도 아이 아빠가 사업을 시작할 때도 그 후배 어머니 때문에 사업을 시작할 수 있게 된다. 그것은 나중에 이야기하기로 하고…… 나중에 들은 이야기지만 내가 저녁이 되었는데도 내가 들어가지 않으니 엄마는 내가 졸업여행을 갔을 거라고 생각했다고 했다.

나는 내가 해야겠다고 마음을 먹으면 해 내고 마는 그런 아이였다고 엄마는 말했다. 이때부터 나는 준비하면 기회는 얼마든지 온다는 생각을 하게 되었다. 기회의 신 카이로스는 앞머리만 있고 뒷머리는 없다고 한다. 그래서 기회가 앞에 있을 때에는 잡을 수 있으나 지나가고 나면 잡을 수가 없다고 한다. 수많은 기회가 나도 모르는 사이 지나가버렸을 것이다.

이제는 기회가 오기만 하면 잡을 수 있도록 연습에 연습 준비에 준비를 해야 하는 것이다. 고교시절 뭘 알고 한 것은 아니었으나 배우고 싶다는 생각과 내 꿈이 나를 움직이도록 한 것이다.

제3장
성공으로 들어가는 좁은 문

누구나 원하는 성공! 이것을 성취하기 위해 많은 문들을 지나게 될 것이다. 크고 화려한 문으로 들어가고 싶은 욕망은 많은 사람들이 가지고 있고 나 또한 그러하다. 그러나 세상은 호락호락하지 않고 많은 시련과 굴곡들이 우리 앞에 산재되어 있다.

성공하기 위해 많은 사람들이 어렵고 힘든 일을 도전하면서 그 좁은 문을 통과하게 되면 더 넓은 세상과 만나게 되는 것이다. 넓은 세상을 꿈을 꾸며 좁은 문을 통과하기 위해 노력을 아끼지 않는 것이다. 자, 우리 앞에 있는 크고 화려한 문을 열 것인가? 아니면 좁고 힘든 문을 열 것인가? 아무런 고통 없이 아픔 없이 얻어지는 기쁨이 참 기쁨일까?

꿈꾸고 준비하라

빛을 받은 빨간 사과가 예쁘게 나무에 주렁주렁 열려 있다. 큰 아름드리 나무에 사과가 많이 열려 가지가 휘어질 정도였다. 꿈을 꾸고 이렇게 예쁜 사과는 처음 본 것 같다고 시어머님이 말씀했다. 태몽 같은데 누구 태몽일까? 사촌 동서가 아기를 갖기를 바라고 있었기 때문에 사촌 동서의 태몽이라고 생각했다. 나는 임신하게 되면 국이나 물에 밥을 말아서 먹지를 못한다. 그것이 입덧이 시작이고 그것 때문에 임신한 것을 알고 병원에 가 본다. 그런데 이번에는 아무런 입덧이 없어서 시어머님의 태몽이 내 것이라고 생각지도 못했는데 내가 아기를 가진 것이다. 국이나 물에 밥을 말아서 너무나 잘 먹었고 컨디션도 좋았다.

이렇게 사람들은 잠을 자는 동안에 많은 꿈을 꾼다. 복권에 당첨된 사람이 돌아가신 부모님이 번호를 알려줘서 그 번호로 복권을 샀는데 1등이 되었다는 이야기를 들은 적이 있다.

그리고 돼지꿈을 꾸면 길몽이라고 생각하고 좋은 일이 있을 것 같다고 신나 한다. 잠을 잘 때 꾸는 꿈과 내 소망을 담은 미래를 생각하고 그림을 그리는 꿈이 있다. 얼마나 좋은 미래를 그리고 그것을 소망을 담아 꿈을 꾸고 그것을 준비하느냐가 문제인 것이다.

바흐는 "그대의 꿈이 한 번도 실현되지 않았다고 해서 가엾게 생각해서는 안 된다. 정말 가엾은 것은 한 번도 꿈을 꿔보지 않았던 사람들이다." 라고 했다. 빈센트 고흐는 "내가 확신을 가지고 모든 것을 안다고 말할 수 없지만 밤하늘의 수많은 별들은 나를 꿈꾸게 만든다." 라고 했다.

요즘 아이들에게 꿈이 뭐냐고 물어보면 "꿈 없어요." 할 때가 많다. 더구나 50이 넘은 나이에 친구들에게 꿈을 물어보면 아이들이 잘되는 것 또는 남편 일이 잘 되는 것 그리고 온가족이 건강한 것이라고 이야기 한다. 그렇다면 자신의 꿈은…….

나도 일을 시작하기 전에는 꿈을 꾸지 않았다. 먹고 사는 것이 바쁘다 보니 꿈은 상상치도 못했다. 삶에 대한 꿈? 그냥 그날 그날 살기가 바빴고 나 자신을 돌아보는 일조차 사치처럼 느껴질 정도였다. 그러다 보니 몸도 많이 피곤하다 보니 잠자는 동안에 꾸는 꿈조차 꾸질 않았다.

얼마 전 몸이 아파서 경락을 받은 적이 있는데 받아본 사람은 알 것이다. 얼마나 아픈지를 경락을 받는 동안 내 코 고는 소리에 잠이 깼다. 놀라서 제가 잤나요? 물었더니 마사지 해 주는 분이 웃었다. 그 정도로 한 번 자면 꿈 한 번 꾸지도 않고 그냥 곯아 떨어졌다. 내게는 인생에 꿈도 육체적 꿈도 꾸지를 않았다. 그것이 슬픈 사실조차도 깨닫지 못했다.

그랬던 내가 변화하고 있었다. 일을 시작하게 되면서 꿈을 꾸고 계획했다. 나는 200만 원을 벌게 되면 지사를 차려서 지사장이 되어야겠다고 생각했고

60세가 되면 빌딩을 사서 세를 받아 생활을 하면서 선교를 다니고 싶었다. 태권도 3단이고 그 태권도로 단기 선교를 다니면 되겠다는 생각에서였다. 그러다 보니 23만 원, 첫 월급을 받고 이렇게 행동하기 시작했다. 내 삶에 꿈을 꾸고 계획을 세우고 실현하려 하고 있다.

나는 첫 월급 23만 원을 받았을 때에도 200만 원을 생각하고 준비했다. 어떤 준비를 했느냐하면 23만 원 받을 때의 시간은 미숙해서이기도 했지만 넉넉잡아 2시간이면 충분하다. 그러나 200만 원을 받으려면 넉넉잡아 6시간 정도 걸린다. 분명 23만 원과 200만 원의 전략은 달라야 할 것이다. 23만 원 받을 때에는 두서없이 그냥 배달만 했고 시간을 전략적으로 쓰지 않아도 될 정도이다.

그러나 200만 원 받을 때에는 시간을 분배를 잘 하지 않으면 안 된다. 오전에 모두 끝내야 하는 우리들의 직업 특성상 시간 분배가 무척이나 잘 되어야 한다.

23개 배달할 때부터 나는 200개를 꿈을 꾸며 전략을 짰다. 개수가 늘어나면 23개 중 마지막에 먹는 사람은 계속 늦어지기 때문에 불만이 쌓일 수 있다. 그렇기 때문에 개수가 적을 때부터 시간은 미리 분배하고 항상 같은 시간에 배달할 수 있도록 해야 했다.

예를 들자면 20층짜리 건물에 23개를 배달한다면 각 층마다 시간을 배당했다. 1층당 30분에 시간을 주는 것이다. 1층에 1개가 있어도 30분 동안 머문다. 배달을 하고 전단지를 돌리고 먼저 출근한 사람에게 맛보기를 보여주기도 하고 청소하는 미화이모님들과 이야기하기도 하면서 시간을 보낸다.

그러다 보니 사람들과 친하게 되고 소문나면서 고객의 수가 점점 늘어갔다. 맨 마지막 층에 도착해서도 23만 원 받을 때의 시간이나 200만 원을 벌 때에 맨 마지막 고객은 늘 같은 시간에 물건을 받게 되고 불만이 없다보니 고객에게 좋은 반응이 생겨날 수 있었다.

　내가 꿈을 꾸면서도 전략도 없고 노력도 하지 않고 그냥 꿈만 꾸었다면 어떻게 되었을까? 아마도 이 자리까지 오지도 못했을 것이다. 각 지역을 그렇게 세우고 한 지역을 세우고 나면 내가 맡았던 지역을 다른 사람에게 주고 나는 새로운 지역으로 이동한다. 대부분의 지사장들은 본인이 하던 것을 넘겨주면 그만큼 성장시킬 때까지 수입이 줄기 때문에 본인이 맡은 자리를 선뜻 내놓지 못했다.

　나는 큰 그림을 그리고 그 지역을 맡기고 지역을 살려본 경험으로 또다시 지역을 만들어 직원들에게 넘겨준다. 꿈을 꾸고 꿈을 그림으로 그리다 보니 잠깐의 금전의 후퇴는 감내 할 수 있었다. 알을 깨고 나오는 고통이 있어야 비로소 병아리가 되어 세상의 맛을 볼 수 있었던 것처럼 꿈을 꾸고 그 꿈을 그림으로 그리고 실천한다면 우리에게 그 꿈은 꿈이 아닌 현실로 내게 달려올 것이다.

행동이 없이는 행복도 없다

월요일에 로또를 샀다. 자주 사는 것은 아니지만 가끔 로또를 살 때면 월요일 날에 로또를 산다. 그 이유는 상상하기 때문이다. 생각으로 나는 부자가 된다. 그리고 그 돈으로 많은 것을 한다. 우선 건물을 사고 건물주가 된다. 그리고 차를 바꾸고 엄마를 위해 용돈을 드리고 아이들을 위해 컴퓨터를 사주고 큰아이에게는 차를 사주고 세계일주를 한다.

많은 것을 할 수가 있다. 부자가 되었기 때문에 행복하다. 이것이 생각 속에서 이루어지고 로또를 산 이유이다. 그러나 현실은 내 손에 들어온 것은 없고 허무해지기 일쑤이다.

살림만 하고 있을 때에는 연속극을 보면서 대리만족을 하고 부자들을 보면서 부러워한다. 부자가 되고 싶다 잘나가는 친구들을 보며 부럽다. 나는 어떻게 하지? 내가 뭘 해야 하나? 생각만 하고 누웠다 일어나면서 부자가 되고 싶다. 언제쯤 될 수 있을까?

이제는 상상만 하지 않는다. 매일 새벽 현장으로 출근하지 않고 사무실에 가서 물건을 가지고 나갔다. 아무도 없는 사무실로 출근해서 하얀 이를 드러내고 웃는 연습을 하고 맑은 목소리로 소리 내어 인사를 한다. "안녕하세요? 좋은 아침입니다 건강 배달 왔습니다. 기다리셨죠?" 등 고객과 나눌 멘트 연습을 한다. 마치 일곱 색깔 무지개처럼 매일 어떤 색으로 보여 줄까 생각하며 연습하고 또 연습했다.

직원들이 처음 오면 "저는 처음 보는 사람들에게 말을 못 걸어요. 울렁증이 있거든요." 한다. 그것은 모두가 가지고 있는 것 아닐까? 나도 낯선 사람을 만나서 말을 걸 때면 부끄럽다. 상대가 어떻게 나올지 걱정되기 때문이다. 어떻게 하면 자연스럽게 말할까? 상대가 부담스러워 하지 않을까 생각해서였다. 그래서 생각해낸 방법이 엘리베이터에서 말 걸기였다. 엘리베이터를 타서 버튼 앞에 다른 사람이 버튼을 누를 수 없도록 막아선다. 그리고 "웃으며 몇 층 가세요?" 라고 묻는다. 아주 자연스럽고 친절하게……

매일 그렇게 하다 보니 말을 거는 것이 더 자연스러워졌고 말 거는 것이 부담스럽지 않았다. 그러다 보니 엘리베이터 안에서 별의별 질문을 다 하게 된다. "날씨가 어떠냐?" "이 회사에 근무하세요?" 에서 시작해서 "어디 사세요?" "멀리 사시는 구나! 혹은 가깝네요."

나중에는 단답형으로 끝나지 않고 대화가 이루어졌고 그 누구도 나를 이상한 아줌마라고 생각하는 것 같지 않았다. 그것뿐 아니라 매일 새벽 현장으로 출근하지 않고 사무실에 가서 물건을 가지고 나갔다. 다른 사람들은 물건을 현장에서 받아서 나갔지만 나는 달랐다. 아무도 없는 사무실로 출근해서 청소를 하고 물건을 챙겨서 현장으로 나갔다. 사무실에서 물건을 챙기는 것은 물건을 챙기는 시간보다는 고객에게서 머무는 시간을 늘리기 위해서였다. 그렇게 행동하다 보니 다른 사람보다 더 빠른 시간에 수입이 늘게 되었고 신입 사원이 들어오면 내가 교육을 시켰다. 이것이 나중에 지사를 시작하면서 내가 했던 행동들이 많이 도움이 되었다. 생각만 하고 있었다면 내게 이런 행복은 찾아오지 않았을 것이다. 마치 로또를 사고 생각으로 그 돈은 써버린 그런 상태……. 허무하다. 이런 정도였겠지만 행동으로 옮기고 길을 닦음을 통해서 행복이 찾아온 것이다. 아들과 자전거를 타고 강변을 달린다. 달리다 보면 토끼풀이 많은 곳들이 많다. 자전거를 세우고 아들과 네잎 클로버를 찾는다.

찾으면서 "혜찬아! 네잎클로버의 꽃말이 뭘까?" 아들에게 질문한다. 아들은 "엄마, 행운 아니에요?" 한다. "맞아. 행운이야." "그럼 세잎 클로버는 꽃말이 뭘까?" 아들은 대답할 생각도 하지 않고 내게 질문한다. "세잎 클로버 꽃말도 있어요?" "그럼. 있지." "모르겠는데요?" "응, 행복이야." "엄마, 행복이 더 좋은 것 아니에요?"

그렇다. 행복이 더 좋은 것은 아이들도 아는 사실이다. 그러나 사람들은 행운을 얻기 위해 행복을 밟는다. 그것이 행복인 줄 모르고…….

흔하게 보이는 것이 세잎 클로버이니 그것을 쉽게 생각하는 것이다. 네잎이 귀하기 때문에 사람들은 네잎에 초점을 맞춘다. 반대로 세잎이 귀했다면 사람들은 또 세 잎을 찾기 위해기를 쓸 것이다 . 고생해서 뒤에 오는 행복이란 상상 그 이상일 것이다.

산에 올라가 본 경험들이 있을 것이다. 산에 오를 때에는 곧 죽을 것 같은 숨가쁨과 쥐날 것 같은 팔, 다리……. 올라갈 때마다 내려오는 사람들에게 "아직 멀었어요? 한참 가야 하는 가요?" 등 여러 가지 질문을 한다. 그러면 내려오는 사람들은 한 명도 "아직 멀었어요. 한참 가야 해요. 포기하세요." 하는 사람들은 아무도 없다. 모두 한통속인 듯 "조금만 가면 돼요. 힘을 내세요. 얼마 남지 않았어요." 한다. 올라가는 사람들은 그 소리에 힘을 내고 다시 올라간다.

가도 가도 꼭대기가 보이지 않고 지쳐 갈 무렵 정상이 보인다. 그 뒤에 오는 기쁨이란 올라가면서 겪은 숨가쁨과 쥐날 것 같은 뻐근한 다리를 겪은 터라 뒤에 오는 정상의 기쁨은 정말 말로 표현하기가 어려울 만큼 벅차오른다. 그 벅찬 감동 뒤에 몰려오는 행복감이란 그 고통과 고생을 맛보았기 때문에 또 산을 오르고 다시 찾게 되는 것이 아닐까? 내려올 때 우리는 우리가 했던 질문을 다시 받게 되고 우리에게 "조금만 가면 되요. 힘을 내요." 라고 하는 것이다. 올라갈 때의 고통은 정상에서 맛 볼 수 있는 그 행복감을 능가하기 때문이다.

에베레스트를 오른 산악인들을 볼 때면 잘 이해가 되지 않았다. 심한 경우 죽을 수도 있는데 다시 오르고 몇 년을 계획하고 준비해서 다시 그 얼음산을 오르는 것인 것이다. 지금 우리는 인생의 산에 오르고 있고 사업을 시작하는 사람은 사업의 산에 오르는 것이다 어마어마하게 큰 산을 오를 때 몇 년을 계획하고 준비하고 또 준비해서 그 산을 오를 것이다. 오르는 동안 우리는 "얼마나 남았어요?" 질문하게 될 것이고 죽을 것 같은 숨가쁨을 지나고 쥐날 것 같은 다리를 질질 끌면서 올라가 성공을 맛 본 사람이야 말로 축제를 벌인 사람들의 행복감은 말로 표현하기가 어려울 것이다. 그래서 성공한 사람들의 책을 읽고 그들의 고난 극복기를 몸소 체험하면서 우리는 성장해 가는 것이다.

행복하고 싶다. 행복한 삶을 살고 싶었기에 성공하고 싶어서 남들보다 빨리 일어났고 늦게 잤다. 끊임없이 노력하고 연습하면서 내 삶에 적용하려고 했다. 잘나가는 지사를 찾아서 노하우를 배우고 싶어서 고객이 제일 많은 지사를 찾아갔다. 그런데 그쪽 지사장님이 초보직원에게 나를 보냈다. 속으로 생각했다. 노하우를 배우러 왔는데 지사장이나 경력자들에게 보내다니……. 그런데 현장에 가보니 처음 하는 사람에게서도 배울 것이 있었다. 신입사원은 고객을 기억하려고 형광펜으로 각 층을 표시하고 배달하는 것을 보았다.

아, 배우는 것은 경력자에게만 배우는 것은 아니구나! 왜 나를 신입사원에게 동행을 시켰는지를 알 것 같았다. 후에 그 지사 사장님에게 감사하다고 몇 번을 인사를 했는지 모른다. 그때 배운 것은 내가 지사를 하면서 신입사원이 들어왔을 때 많은 도움이 되었다.

이처럼 신입이나 경력자나 모두에게 배울 것이 있음을 알게 되고 배움의 끝에는 실천이 따르고 그 뒤에 오는 성공 그리고 행복감이 지금의 내가 있게 된 것이고 성공의 원동력이 된 것이다.

행복하고 싶었기에 행복 찾아 삼만리한 것이다. 분명한 것은 행동 없는 행복은 존재하지 않는다는 사실을 이제 알게 된 것이다. 더 늦게 알게 되지 않고 그래도 이제라도 알게 된 것이 감사하다.

나는 계속 배울 것이고 그것을 실천할 것이고 그러면 분명 행복은 필수로 온다는 것을 굳게 믿으며 오늘도 후퇴 없는 전진만 할 것이다. 길이 없으면 길을 닦으며 조금씩 조금씩 나아갈 것이다.

일을 잘 저지르는 사람이 성공한다

어릴 때 장난이 심하고 일을 잘 저지르는 아이들이 있다. 대부분의 부모들은 야단을 많이 쳐서 아이의 기를 꺾기 일쑤다.

나의 어릴 적도 비슷하다. 친구들과 사과서리를 해서 먹다가 남은 사과를 냇가에 묻어두고 내일 먹자고 했다. 다음 날 냇가를 아무리 뒤져도 그 사과를 찾을 수가 없었다. 물론 서리하다가 들켜서 과수원 주인에게 혼쭐나고 부모님 앞으로 끌려가 내 대신 과수원 농장주에게 사과하기도 했다. 이런 일을 잘 저지르는 나 때문에 부모님은 사과할 일이 많았고 그러다 보니 야단맞고 벌 서고 일이 반복될수록 나는 조금씩 작아져 가고 있었다. 남자친구들이 아카시아 나무로 칼을 만들어주어 칼싸움을 자주 했는데 친구들이 만들어준 칼로 그 친구를 때려서 울리기고 하는 극성이었다.

중학교 때에는 안경 쓴 친구가 부러웠다. 내가 보기엔 안경이 예뻐 보였고 그러다 보니 친구의 안경을 자꾸 빌려 써서 눈이 나빠졌는데 눈이 나빠진 것이 좋았다. 어려운 집안 형편도 뒤편이고 안경을 쓰게 됐다는 것이 엄청 좋았다. 그런데 이것을 엄마에게 말하기가 어려웠고 친구 안경을 자주 써봐서 눈이 나빠졌다고 하면 야단맞을까 두려웠다.

칠판은 잘 안 보이지 자연히 새우 눈을 하고 칠판을 보는 것을 담임 선생님 아시고 엄마에게 "현숙이가 눈이 나빠진 것 같다."는 이야기를 했다. 안경 맞출 돈은 없고 엄마는 내게 텔레비전은 많이 봐서 그렇다고 꾸중하는 것으로 끝이 났다.

그런데 안경이 쓰고 싶었다. 어떻게 하면 안경을 쓸 수 있을까를 궁리하던 중 어떤 친구로 부터 안경 장학생이 있다는 이야기를 들었다. 당장 담임 선생님을 찾아가서 물어봤다. 그런데 안경 장학생은 공부도 잘 해야 한다고 했다. 성적이 좋고 형편이 안 좋아서 안경이 없는 학생을 학교 추천으로 안경을 맞춰 주는 그런 제도였다. 노는 것을 좋아했던 내가 성적이 좋을 수는 없었지만 성격은 좋아서 담임 선생님이나 친구들로부터 인기가 좋았다. 선생님을 조르기 시작했다. "선생님, 열심히 공부할 테니 안경 장학생 추천 좀 해주세요."라고 끈질기게 조르다 보니 담임 선생님이 추천을 해 주서서 내 생애 첫 안경이 맞춰지게 되었다. 안경 쓰던 날 어찌나 좋던지. 지금은 그때 친구의 안경을 써보지 말 걸 하고 후회하지만 그땐 너무나 좋았다.

고등학교 2학년 때 생활관을 1박 2일로 들어가서 생활예절은 배운다. 물론 이틀 동안은 한복을 입고 생활해야 한다. 예쁜 한복을 입히고 싶었던 부모님은 돈을 빌려서 예쁜 한복을 사 주었다. 친구들은 빌려서 입거나 사 입거나 둘 중에 하나였다. 생활관 생활이 시작되자 치마로 가슴을 동여맨 것이 힘이 들어서 잔꾀를 냈다. 가슴 끈을 풀어놓고 마치 앞에서 보면 맨 것처럼 꾸미고 앉아 있었다.

선생님이 "35번 일어나 여기로 나와."라고 한다. 친구들을 헤집으며 앞으로 나갔는데 친구들의 웃음보가 터졌다. 원인을 몰라 두리번거리고 있는데 선생님의 손이……꿀밤을 때리면서 선생님의 웃음보 또한 터져버렸다. 속치마 위로 걸쳐놓았던 한복이 일어서서 앞으로 나가는 동안 슬슬 내려가 앞에 나왔을 때에는 바닥에 떨어져 있어서 난 속치마 차림이 되고 말았다.

선생님은 웃으시면서 힘들어도 끝날 때까지 잘 입고 있어야 한다고 했다. 선생님이 생활관 교육을 많이 해 봤지만 이런 경우는 처음이라며 용서해 주었다. 우리는 진지하게 예절 교육을 받았고 저녁 쉬는 시간에 몸이 근질근질해서 말뚝박기를 하자고 제안을 해서 몇몇 친구들이 동조하는 바람에 한복을 입은 채 말뚝 박기를 했는데 덜렁대고 맘만 앞서는 나는 한복을 입은 것을 잊은 채 달려가 친구의 등에 타는 순간 한복 속치마가 찌익 찢어지고 말았다. 놀라기는 했지만 얼른 속치마를 걷어 올렸다.

새로 사 입은 한복이라 조심해서 입었어야 했는데……. 집에 돌아와 속치마를 정리하던 엄마의 괴성이 들렸다. 아니, 이게 무슨 일이니? 생활관에 가서 한복 속치마를 다 찢어서 왔냐며 야단을 쳤다. 딸이 말뚝박기를 했으리라고는 생각지도 못하고 속치마가 바뀐 것 아니냐며……. 분위기 메이커인데다 친구들을 잘 선동해서 이렇게 일을 잘 저질렀다.

그뿐 아니라 고등학교 때 나의 로망인 태권도를 너무나 하고 싶었는데 부모님이 반대를 했다. 그리고 가정 형편이 안 좋아서 못하게 한 이유도 있었다. 매달 승급시험을 볼 때면 돈을 내야 했기 때문에 그것이 부담이 될 정도로 가정 형편이 어려웠다. 배우고 싶다는 내 의지가 가정형편을 넘어서 어떻게 하면 배울 수 있을까를 궁리했다.

태권도부 사범님을 찾아가서 우리 집 형편을 말하고 어떻게 하면 태권도를 배울 수 있냐고 물었다. 다행히 내가 하려고 하는 의지가 강해서 사범님은 돈을 안 내고 승급심사를 볼 수 있도록 배려해 주었고 덕분에 고등학교 2학년 때부터 장학금을 받게 되어 살림에 보탬이 되기도 했다. 하고 싶은 것이 있으면 어떤 방법을 써서라도 하고 싶은 것을 해내기 위한 방법을 생각하고 연구하고 도움을 줄만한 사람을 찾아가서 도움을 받아 문제를 해결했다.

남편은 첫 사업을 성남시 야탑동에서 시작했다. 아는 사람을 통해서 정육점을 냈다. 하루에 60만 원만 벌어도 먹고 살 수 있다고 했다. 있는 돈, 없는 돈을 다 모아서 가게를 차렸다. 첫날 매출이 120만 원이었다. 나도 이제 부자가 되나 보다 생각했다. 그것도 잠시 건물주가 사채업자에게 돈을 빌려 썼는데 갚지를 못해서 넘어가게 되었는데 우리는 보증금도 못 받게 생긴 상태였다. 아는 사람을 통해서 들어갔는데 원망해도 소용이 없었고 지인에게 속았다는 생각에 남편은 매일 술을 마시고 있었고 싱싱한 과일과 야채가 들어오지 않으니 손님들의 발길이 뚝 끊어져서 아무리 고기가 좋아도 고기만 사겠다고 우리 가게를 찾지를 않았다. 속이 바짝바짝 타고 있었는데 그곳에 같이 있던 가게들도 손 놓고 있었고 남자들은 옹기종기 모여서 매일 술만 마시니 여주인들의 속이 바짝바짝 탔다.

나는 그대로 있지 않고 무료 법률 상담소를 찾아서 내 상황을 말하고 자문을 구해서 해결책을 찾았다. 때마침 새로운 건물주가 나타나 우리에게 어음을 주어 끝내주었다. 그 바람에 우리는 손해 보지도 않고 그곳에서 해방될 수 있었다.

주변 사람들은 어려움이 닥쳤을 때 낙심하고 좌절하고 그것을 위로하느라 술을 마시고 한탄하며 하루를 보내고 있을 때 나는 해결책을 찾아서 나서고 사람들에게 묻고 상담하고 하면서 문제를 해결하기 위해 노력한 것이다.

아이를 키우다 보면 유난히 극성스럽고 사고를 많이 치는 아이가 있다. 그런 아이를 자식으로 둔 부모님에게 이런 질문을 하고 싶다.

아이가 왜 이런저런 것에 관심이 많을까요?

적극적인 아이가 좋으세요? 아니면 소극적인 아이가 좋으세요?

아이가 건강한 것이 좋으세요? 기운 없이 조용한 아이가 좋으세요?

모든 부모님들은 적극적이고 건강한 아이가 좋다고 할 것이다. 그러나 왜 아이가 사고를 많이 일으킬까에 대해 생각하기 보다는 귀찮고 힘들기 때문에 가만히 있었으면 한다.

건강한 아이라면 많이 움직이는 것이 당연한 것이고 호기심이 많기 때문에 사고를 자꾸 일으키는 것이다. 호기심이 없다면 궁금한 것이 없을 테니 사고를 일으킬 수 없다.

아이들은 호기심이 많고 그 궁금증 때문에 즉시 움직이게 된다. 하물며 아이도 이런데 어른은 어떻겠는가. 일을 시작하고 넓혀 나감에 있어서 적극적으로 움직이지 않으면 발전하기 어렵다. 문제가 생겼을 때에도 적극적으로 대처해 문제를 해결해야 할 것이다. 그러니 일을 잘 저지르는 사람이 성공한다는 말이 맞는 말인 것이다. 빠른 행동력과 실천력이 동반된 것이라면 분명 성공이 눈앞에 있을 것이다.

1% 가능성에도 도전하라

　새벽에 일을 나가야 하기 때문에 빨리 먹어야 했다. 따뜻한 밥에 차가운 국을 부어서 한 숟가락 입에 넣는 순간 금방 숟가락을 뺄 수가 없었다. 저 밑에서부터 뜨거운 것이 올라와 목구멍을 막는데 울컥 설움이 밀려온다. 왜 이렇게만 살아야 할까? 남들보다 잘난 것이 없다보니 남들 잠자는 시간에 나는 깨어있어야 하는 자신이 가여웠다. 남들은 나보다 덜 힘들어도 잘만 사는데 도대체 나는……. 아침부터 내 마음속에는 비가 내리고 있었다. 촉촉하게 젖어있는 내 마음은 우산을 쓸 수도 없는데 왜 이렇게 우울할까? 어쩔 수 없이 우울한 채로 일하러 나가니 나도 모르게 어깨가 축 처져 있었다. 웃어도 웃는 것이 아니었고 축 처져있는 어깨를 강제로 올리고 고객 앞에서는 억지 미소를 지어본다. 그것조차 싫었다. 난 왜 내 방법대로 내 마음을 표현할 수 없는 것이지…….

　다음 날도 같은 상황이다. 뜨거운 밥에 차가운 국을 부어서 먹는데 또 목이 막힌다. 눈물이 날 것 같다. 그러나 어제와는 다른 느낌이다. 나도 모르게 "그래 이 시간에 이걸 먹을 수 있다는 것이 얼마나 감사해? 이 시간에 먹고 싶다고 느낄 때 먹을 수 있으니 이것도 없어서 못 먹는 사람도 있고 먹고는 싶은데 기운이 없어서 못 먹는 사람도 있는데……. 이 세상에서 가장 힘든 것이 숨 쉬는 것이라고 누군가 말했었다. 그러나 사람들은 그것이 힘들다는 생각을 단 한 번도 하지 못하고 살아간다. 왜 모를까. 그것은 건강하기 때문에 숨 쉬는 것이 힘들다는 경험해 보지 않았기 때문이다. 그러나 큰 수술을 했거나 병중에 있어봤던 사람들은 알 것이다. 숨 쉬는 것이 얼마나 중요하고 힘든 일이라는 것을. 내 삶이 나쁘지 않고 감사하다는 것을 느낄 수 있는 아침이다.

생각이 기분을 지배한다. 그러다 보니 세상이 달라보였고 감사했다. 같은 상황 속에서 정반대의 감정을 느끼고 있었다. '감사해.' 라고 생각했을 때 내 입에서 노래가 흘러나오고 현장에 가서도 고객에게 밝게 마음을 다하는 미소를 띠우고 내게서 좋은 에너지가 느껴져서인지 고객들이 뭐 좋은 일 있느냐며 질문을 해온다. 정말로 생각이 바뀌니 기분도 바뀌고 환경도 바뀌는 것 같다. 이것이 성공행 고속도로 아닐까?

얼마 전 둘째 딸 아이에게서 전화가 왔다. 한층 들뜬 목소리로 "엄마, 붙었어! 붙었어!" 오늘 딸 아이가 운전면허시험 코스 시험을 봤다. 두 번 떨어지고 세 번째 시험에서 코스 시험에 붙은 것이다. 전화의 말소리만 들어서는 명문 대학 시험에 붙었거나 대기업 시험에 합격한 줄 알 정도로 아이는 들떠 있었다. 첫 번째 코스 시험에서 아이는 한 번에 붙을 거라고 생각했었던 것 같다. 그러나 아이는 떨어졌고 실망은 되었지만 곧 괜찮다며 스스로를 위로했다. 두 번째 떨어졌을 때에는 "엄마, 나는 운전은 아닌가봐. 하지 말까봐." 라고 했었다.

대학생인 딸아이들에게 이번 겨울에 면허를 따겠다고 하면 학원비를 대주겠다고 내가 제의를 했고 큰아이는 바쁘다는 핑계로 하지 않았고 둘째아이는 하겠다며 학원비를 달라고 했다. 한 번에 쉽게 면허를 딸 것이라고 생각했는데 두 번이나 떨어지니 낙심이 많이 되었다.

"한 번에 붙으면 운전을 쉽게 생각해서 안 돼. 여러 번 떨어지니 더 신중하게 하게 되는 거지. 면허를 금방 따고 신중하지 못한 것보다 차라리 면허시험에 떨어지더라도 네가 운전을 신중하게 하는 것을 배우면 되는 것이지 그것 때문에 면허를 포기하면 네가 들인 시간이 아깝지 않겠니?"

그 말에 아이는 용기를 냈고 다시 도전해서 합격한 것이다.

이제 남은 것은 주행시험이다. 삼일 후 주행시험을 보게 되었는데 태평하게 있어서 아이에게 나가서 엄마 차로 같이 돌아보자고 했다. 코스시험 보고 주행 연습만 했을 뿐인데 2번 떨어졌던 기억을 벌써 잊은 것인지 느긋하게 있었고 나가자는 말에 귀찮아 하지만 데리고 나가서 같이 돌면서 코스를 익힐 수 있도록 도와주었다. 그리고 계속 머릿속으로 그림을 그리며 기억하라고 했더니 코스 지도를 보면서 계속 생각하고 또 생각했다고 했다.

내게 따끈따끈하게 오늘 나온 면허증을 보여준다. 아이는 면허증 받았을 때보다 주행 합격이라는 말을 들었을 때가 더 좋았다고 말했다. 머릿속으로 그림을 그리고 엄마와 같이 코스를 익힌 것이 많이 도움이 되었다며 나에게 고맙다고 손 하트를 날린다.

"그때 포기했으면 어땠을까?"

딸아이가 말했다.

"후회했을 거예요. 그리고 면허시험을 도전하지 못했을 지도 몰라요. 엄마, 고마워요. 나에게 면허 딸 수 있는 기회를 준 것도 감사하고 포기하고 싶을 때 면허시험 따기 전에 신중하게 하는 것을 배웠다면 엄마는 괜찮다고 한 말 그리고 피곤한데도 같이 코스를 돌면서 길 익히는 노하우를 알려줘서. 그림을 계속 그리게 했던 것이 엄마의 판단이 옳았어요. 그런 엄마를 둔 나는 행복해요 고맙습니다."

기분 좋은 밤이다. 생각을 바꾸니 상황이 바뀌고 상황이 바뀌니 결과물이 달라진다. 사람들은 모두 99% 성공하고 싶어 한다. 그 성공을 위해 노력하고 열정을 다한다.

실패나 좌절 없이 성공하기는 정말 힘든다. 그렇다면 다시 생각해 보자. 99%가 아니라 1%의 가능성을 보고도 도전할 수 있는가이다. 1%나 되는 가능성이라고 생각하는 사람과 1%밖에 라는 생각에는 엄청난 차이가 있다.

성공을 위한 관문이 1%나 있다면 0% 보다는 많기 때문에 도전할 것이냐 주저앉을 것이냐는 온전한 우리들의 몫이다. 성공을 위한 관문이라면 1%의 가능성을 보고 그 문을 열고 나갈 것인가를 생각해 보자.

생각의 전환이 그만큼 중요한 것이니 우리는 단 1%의 가능성이 있다고 한다면 움직여 보자. 성공을 향한 그 문을 박차고 나가보자. 그 문밖에 과연 어떤 것이 있을까?

무지개의 색깔이 빨 주 노 초 파 남 보라는 것은 누구나 아는 사실이다. 1번은 빨강, 7번은 보라. 이것은 누가 정한 것인가. 그 누군가는 빨 주 노 초 파 남 보로 볼 수도 있고 보 남 파 초 노 주 빨로 볼 수는 없는 것인가? 99% 성공률을 확신하고도 1% 의 불가능을 보고 포기하는 사람과 1%나 되는 성공률을 보고 도전할 것인가. 생각의 전환이 필요한 시기이다. 1% 불가능이냐? 1% 가능성이냐?

"구슬이 서 말 이어도 꿰어야 보배다." 라는 말이 있다. 생각이 생각으로 끝나버리면 분명 눈앞에 있는 성공도 잡지 못 할 것이나 생각을 전환하고 도전할 때 값비싼 구슬 목걸이를 가질 수 있는 것이다.

인생의 내비게이션에 성공을 입력하라

내비게이션 없는 차가 거의 없을 정도로 내비게이션에 의존해서 길을 찾아 간다. 얼마나 업그레이드가 잘 되어 있느냐에 따라서 정확도가 달라지는 것이 다. 그렇다면 인생의 내비게이션이 있다면 얼마나 가지려고 노력하겠는가?

얼마나 정확하게 알려주느냐 얼마나 마음을 놓아도 되는가를 내비게이션이 있느냐 없느냐에 따라 많이 달라질 수 있다. 마음 놓고 가라는 대로 간다면 성 공의 지름길인 고속도로로 안내해 줄 것이다.

지름길? 강원도를 간다고 한다면 두 가지가 있을 것이다. 고속도를 타고 쉬 지 않고 일정한 속도로 달리기 그러다 보니 빨리 갈 수밖에 없다. 약속한 시간 을 지키고 빠른 시간에 목적지에 도착할 수 있다는 장점이 있다. 고속도로는 고속대로의 매력이 있는 것이다.

국도는 어떠한가? 국도는 구불구불 둘레길 돌 듯 목적지에 빠르게 가는 것이 목적이 아니라 자연경관을 즐기며 맛집도 가며 쉬엄쉬엄 가는 것이 매력이다. 시간의 구애를 받지 않고 느긋하게 그동안의 쌓였던 묵은 스트레스 푸는 데는 딱 좋다.

같은 목적지를 가는데 있어서 어떻게 가는 것이 정답일지는 알 수가 없다. 빠르게 가서 일을 마치고 휴가를 즐기거나 일정이 빡빡해서 속도를 내야 할 때는 고속도로가 좋을 것이나 느긋하게 휴가를 즐기고 싶어서 일부러 국도만을 이용하는 이들도 많다. 스피드에서 벗어나 휴식을 취하기를 원하는 사람들은 국도로 가면서 그만의 여유와 아름다움을 느낄 수 있을 것이다.

얼마 전 친구와 함께 부산에 간 적이 있다. KTX를 타고 가는 동안 기차 안에서 별의별 생각을 다했다. 여고시절 수학여행 갔던 때에 터널을 지날 때면 한 친구만 집중공격 인디안 밥을 하며 등을 때렸다. 기차 안에서 김밥 먹던 생각 얼마나 신나게 떠들어 댔던지……. 둘러보니 그때보다 의자도 좋아지고 기차 안 환경도 좋아졌다. 그런데 사람들은 옆 사람에게 관심조차 없다. 각자의 노트북이나 핸드폰을 꺼내들고 이어폰으로 뭔가를 들으며 각자의 한경에 맞게 일을 보고 있었다.

삭막하다. 왠지 숨이 막힐 것 같다. 들떠 있던 내 마음과 생각이 안개 걷히듯 걷히면서 현실을 바라본다. 여고시절 제일 친했던 경애와 처음으로 단 둘이 창원에 갔었다 우리 외삼촌 집에 경애와 같이 간 것이다. 기차표를 구할 수 없어서 입석을 샀다. 입석이면 어때. 가다가 안 되면 신문 깔고 앉아서 가지, 뭐.

절친과 같이하는 첫 여행이 좋았다. 기차는 출발했는데 다행히 비어있는 자리가 있다. 우리는 번갈아 가며 앉아서 가다가 그다음 정거장에서 자리 주인이 나타나면 우리는 일어나서 비켜주고 또 다른 자리를 찾아보기도 했다. 그러다 자리가 없으면 맨 뒤 의자 뒤에 신문을 깔고 앉아서 가기도 했다. 그래도 좋았고 행복해서 쉴 사이 없이 재잘댔다. 창원에 도착했을 때에는 몸이 뻐근했지만 기분만은 세상을 다 가진 듯했다.

도착한 다음 날 돌섬으로 구경을 갔다가 외숙모가 멍게 3,000원 어치를 주문했다. 속으로 우리는 3,000원 어치를 누구 코에 붙이지? 생각했다. 왜냐하면 포장마차에서 멍게를 시키면 너무나 양이 적었기 때문이다. 그런데 양이 엄청 많았다. 아마 3만 원어치도 넘는 듯했다. 그때 우리는 멍게로 배를 불릴 수도 있다는 것을 알았다.

먹다먹다 도저히 다 먹지를 못하고 집으로 싸가지고 올 정도로 양이 많았는데 경애와 나는 입만 벌리기만 하면 멍게들이 입에서 튀어 나올 것 같은 느낌이 들 정도였다. 왜냐하면 멍게 향으로 가득한 우리들 입에서 향기를 지나 마치 우리가 아예 멍게가 된 듯했다. 지금도 경애를 만나서 이야기를 나누다 보면 그때 일을 떠올리며 그 멍게 향에 취해본다.

서울로 올라오는 기차도 자리를 못 구해 역시 입석으로 오게 되었다. 서울에 도착했을 때 에는 여러 가지 생각이 우리들 머릿속을 떠나지 않았다.

여행은 친구와 하는 여행이 정말 즐겁다는 것! 기차여행은 낭만이 있다는 것! 기차여행은 입석은 고생이라는 것! 그리고 마지막 멍게로도 배부를 수 있다는 것!

기차여행을 하는 것과 같이 성공에도 지름길이 있을까? 속도의 차이가 있을 뿐이지 거쳐야 하는 것은 모두 거치는 것이 성공인 것이다. 빨리 가고 싶다고 빨리 가는 것도 아니고 여러 가지 환경 자체가 뒷받침이 된 것일지라도 속도의 차이가 있을 수 있으나 계단을 밟아야 올라갈 수 있는 것처럼 단계는 제대로 밟지 않으면 안 되는 것이다.

그럼 아까의 질문 성공에는 지름길이 있을까? 분명히 있다. 고속도로와 같이 고속으로 달릴 수 있는 길이 있고 제한속도가 있어서 그 속도로 갔을 때 국도를 지나는 것 보다는 빠른 것이다. 물론 낭만이나 여유는 찾아볼 수는 없는 것이다.

자신의 일에서 달인이 된 이들도 성공하기 위해 시간. 노력, 정성, 열정을 통해 집중해서 연구하고 노력하다 보니 어느덧 성공의 고속도로를 타고 있었던 것이다. 고속도로를 타기 위해 길을 잘 알아야 하고 속도를 맞추고 달리게 되는 것이다. 달리다 보면 휴게소가 나오게 되고 졸음 쉼터가 나오기도 한다. 때로는 길을 잘못 들어서게 되면 낭패다. 그러나 거기에도 길은 있다. 어느 곳에서 돌아가야 하는지는 국도보다는 무척이나 난감하게 되는 것이다.

고속도로는 잘 못 들어서면 먼 곳을 돌아야하기 때문이다. 성공하기 위해서는 많은 희생과 노력이 많이 필요한 것은 물론이고 마인드 차체도 남들보다 좋아야 할 것이고 미래를 보고 투자할 수 있는 안목과 여유를 가져야 할 것이다. 그래야만 성공을 향한 고속도로를 탈 수 있는 것이다. 성공의 고속도로를 타기 위해서는 무엇보다 내비게이션이 있으면 좋을 것이다,

얼마나 정확하냐? 얼마나 빨리 가느냐? 얼마나 마음의 부담 없이 가느냐? 이것이 내비게이션이 있느냐 없느냐에 따라 달라질 수 있다는 것이다.

경험이 없다면 성공을 향한 고속도로를 타기 전에 내비게이션을 가질 수 있다면 금상첨화일 것이다. 우리는 내비게이션과 같은 유일한 경험을 가진 스승이 필요하다. 그래야 어떠한 길을 가던지 실패를 덜 하면서 시간을 아껴가면서 갈 수 있는 것이기에 우리는 내비게이션과 같은 스승이 필요하다. 내비게이션에 성공을 입력하고 출발한다면 분명 지름길로 안내할 것이다.

규칙을 바꾸는 규칙

토요일 쉬는 날에도 어김없이 3시 30분 알람이 울린다. 이불을 머리 끝까지 덮어버린다. 잠에 달콤함에 빠져서 쉬고 싶다. 오늘은 주말 일을 나가는 것도 아닌데.

어제 잠자기 전에 알람을 꺼둘 걸 그랬나? 주말이나 연휴가 되면 늘 하는 생각이다. 좀 더 자고 싶다. 좀 더 자고 싶다. 몸이 이불과 하나 되어 일어날 생각을 못하고 뒤척이고 있다. 약속한 10분이 지나고 다시 알람이 울린다.

몸을 일으켜 세우고 세수를 한다. 평소보다 더 꼼꼼하게 세수를 한다. 좀 전에 했던 생각을 지우듯 눈과 코 주변을 더 깨끗하게 손가락을 굴려본다. 손가락 사이 사이에 생긴 비누 거품들이 나를 깨우고 있다. 개운하게 세수를 하고 로션을 바른다. 기분 좋은 콧노래를 부르며 기초화장을 하면서 나의 정신도 깨워본다. 그래, 규칙이잖아 그것도 스스로가 세운 규칙.

규칙을 세우는 것은 무척이나 노력이 필요하고 스스로를 잘 컨트롤 해야 해.

그렇지 않으면 무너질 수 있어. 쌓는 것은 어려워도 무너뜨리는 것은 너무나 쉽다. 그렇기 때문에 규칙을 무너뜨리지 않으려고 외쳐본다.

3시 30분. 이것은 내 하루의 시작의 규칙이다 잠의 달콤함이야 말할 수 없을 만큼 깨기가 쉽지 않지만 규칙을 무너뜨리면 그날은 그런대로 지나갈 수 있으나 분명 후회는 남는 것이고 또 다시 시작하려면 에너지가 너무 많이 들어간다. 리더의 자리에서 내가 먼저 솔선수범 하지 않으면 누구에게 무엇을 가리킬 수가 있을까?

수없이 직원들을 교육할 때 내가 했던 말은 "모든 일에는 규칙이 있어야 한다. 규칙이 없으면 배가 산으로 가는 사태가 일어날 수 있다."이다. 또 하나는 "결정에 대한 대가 지불은 분명히 있다. 우리는 수없는 결정을 하게 되고 그 결정에 대한 대가 지불도 당연히 우리들의 몫이다." 라는 말이다. 이 말들은 집에서도 자주하는데 우리 아이들은 "모든" 만 외치면 "규칙이 있어야 해." 라고 하며 잠자리에서 일어난다. 이것이 우리 집 알람이다. 모두들 이것이 중요하고 필요한 것이라고 알고 있지만 어렵다. 그래서 모든 모임에는 회칙이 있고 학교에는 교칙이 있고 나라에는 법이 있는 것이다.

아침에 일찍 일어나는 것은 나의 오래된 습관이기도 했다. 아버지가 암에 걸렸을 때 수입품 그릇 장사를 했다. 암 때문에 장사를 할 수 없게 되자 내가 맡게 되었다. 학생인 동생은 공부를 해야 했고 엄마는 병에 걸리신 아버지를 병 간호해야 했기 때문이다.

새벽에 일어나 남대문 도매 시장에 가서 물건을 사고 그 물건을 들고 버스를 타고 가게로 가야 했기에 그때부터 4시에 일어나는 습관이 들게 된 것이다.

이것이 곤란할 때도 있다. 가족 간에 여행을 간다든지 직원들과 워크숍을 갔을 때가 문제이다. 늦은 밤까지 회의를 하거나 놀거나 하느라 시간을 보내고 잠자리에 들게 되면 아침 일찍 일어나는 일이 쉽지 않다. 아니, 어렵다.

일찍 일어나는 것이 습관처럼 되어버린 나는 혼자 일어나 주변을 산책한다. 그러다보면 배가 고프다. 제일 일찍 일어나 움직였기 때문에 배가 빨리 고팠다. 산책 후 혼자 밥을 하고 모두를 깨우면 한결 같이 하는 이야기가 벌써 "아, 너무 한다. 놀러와서까지 이렇게 일찍 일어나면 어떻게 하냐?"며 원성들이 자자하다.

여고를 나온 나는 은태동이라는 동문회에 가입이 되어 있다. 은광 태권도 부원들로 구성이 되어 있고 1기에서 8기까지 있는 모임이다. 이 모임의 막내 기수인 우리 친구들이 제일 많다. 은태 동 동문회 10주년 기념 여행을 가기로 계획했다. 제주도 여행을 가기로 했는데 일정을 정하는 순간에서부터 모두들 들떠 있었다. 여고 선후배들이 모여서 함께 가는 여행이여서 더 기대가 컸다. 각자의 차편을 이용해서 공항에 도착했을 때 모두는 이미 제주도에 도착한 것 같은 착각이 들 정도로 들떠 있었다.

공항에 도착해서 봉고차를 빌려서 숙소로 갔다. 숙소에서 일정을 확인하고 관광을 마친 후 숙소에서는 밤이 늦도록 이야기꽃이 한창이었다. 옹기종기 모여 밤이 깊어가는 줄 모르고 학교 때 이야기에 빠져 들었다 해도 해도 무슨 할 말이 그렇게 많던지……

문제는 다음 날 발생했다. 늦게 자고 아침에 다들 일어나기 힘든 상태였고 그래도 일정대로 움직여야 한다는 주장이 팽팽했다. 그중에 4기 선배 언니가 "산책 갈 사람." 하는데 아무도 인기척이 없다. 벌떡 일어 난 이는 나였다. 일찍 일어나는 것이 습관이 되어버린 나는 그래도 좀 쉽게 일어나 선배와 산책을 나갔다. 덕분에 어렵게만 느껴졌던 선배언니와 많이 친하게 된 계기가 되었다. 산책 후 친구들과 몇몇 선배언들의 도움으로 아침 식사를 준비하고 밥을 같이 먹었는데 왠지 분위기가 싸했다.

　일정을 세운 것은 우리가 제주도에서 해야 할 규칙이다. 그 규칙대로 움직이지 않으면 많은 사람들이 있는데 우왕좌왕해서 안 된다. 제주도까지 와서 꼭 틀에 맞게 움직여야 하는 이유는 뭐냐? 한 군데 구경 덜 하면 되지. 편하게 가자. 이렇게 팽팽하게 맞서다 보니 분위기가 싸~할 수밖에 없었다.

　규칙! 규칙은 지키기 위해 존재한다. 지키지 않는 규칙은 분위기를 망칠 수도 있고 그 모임을 지속할 힘을 잃어버릴 수 있다. 그렇다면 한번 세운 규칙은 영원하냐하면 그것은 아니다. 회의를 거쳐 새로운 규칙을 만들면 되는 것이다. 세상은 빠르게 변해 가는데 한 번 정한 규칙이 변하지 않는다. 그것도 문제이다. 규칙을 계속해서 업그레이드 시키지 않으면 그 모임 또한 존재하기가 어렵게 된다. 나만의 규칙을 만들고 그 규칙을 지키기 위해 어떤 노력을 하는가는 자신이 어떤 성공을 바라는 것인가에 비례하는 것이다.

　모 방송국에 근무하던 분인데 회사를 그만 두게 되어 만날 수가 없었다. 고객으로 만났기 때문에 따로 연락을 하거나 하지 않기 때문에 이직을 하거나 그만 두게 되면 만나기가 어렵다.

　그러다가 한 달 쯤 지나서 다른 방송국에서 만나게 되었다. 이야기를 들어보니 이직을 해서 방송국의 자회사를 인수하여 대표님으로 온 것이다. 녹즙 일을 하다보면 아침 일찍 배달하다 보니 유난히 일찍 오는 분들이 있다. 다른 분들이 출근하기 몇 시간이나 빨리 와서 일을 시작한다. 그 고객님도 항상 일찍 와서 나와 만나서 인사를 나누는 일이 많았는데 이제 방송국 자회사의 대표님이 된 것이다. 다시 녹즙을 마시기로 해서 그 대표님의 책상에 배달을 가 보면 여전히 직원들이 오기 전에 출근한다.

　보통 9시에 근무가 시작이면 그 분은 7시 30분에 이미 사무실로 출근해서 근무한다. 아마도 그 대표님의 생활 규칙 속에 일찍 출근하는 것이 있을 것 같다는 생각을 해 본다. 대표님이라면 좀 더 늦게 출근해도 누가 뭐라고 하는 사람이 없을 텐데……. 역시 성공하는 분들은 뭐가 달라도 다르다고 생각하게 되었다. 그래서 그 대표님의 책상에 갈 때마다 나는 마음가짐을 다시 한다. 나도 성공하려면 뭔가 달라야 한다고.

성공을 향한 나만의 규칙 속에 한 가지를 소개하자면, 일찍 일어나 제일 먼저 하는 것이 나의 1년 목표를 100번 쓰는 일이다 입으로 읽으면서 100번을 써 내려간다. "말에는 씨가 있다."라는 생각을 늘 하고 있다 씨가 있으니 좋은 씨를 뿌려야 좋은 싹이 나고 또 좋은 열매를 맺게 되는 것은 누구나 다 아는 사실이다.

그래서 농부의 마음으로 꿈을 심는 것이다. 100번을 쓰고 나면 1년 목표를 다시 한 번 쓰고 그것들의 첫 글자를 모아서 또 소리 내서 읽는다. 연초에 세운 계획과 목표를 이렇게 하지 않으면 잊어버리게 되고 잊어버리게 되면 꿈조차 흔들릴 수 있기 때문이다.

그리고 하루 일정을 시간표대로 적는다. 그렇게 하지 않으면 시간을 낭비하게 되는 일이 많았기 때문이다. 이 시간표를 쓰기 전에는 매일 시간이 없어, 하루가 짧아 라고 했는데 시간표를 짜보니 그냥 버리는 시간이 생각보다 많다는 사실을 알게 되었다. 그래서 학교 방학 때에만 쓰던 시간표를 그것도 숙제로 대충 그렸던 기억이 있는데 이제 50이 넘은 나이에 그 소중함을 알고 다시 시작한 것이다.

다음은 그 시간표 중에 가장 중요하다고 생각하는 것을 하나 골라서 그것에 대한 행동요령을 쓴다. 예를 들어 '오늘은 방송국에 영업을 간다.' 라고 쓴다면 행동요령에

1. 맨 위 층에서 2개 층만 오늘은 영업한다.

2. 친절하게 한다.

3. 고객에게 상품을 설명하기 보다는 질문을 해라.

4. 전문가답게 행동해라.

5. 고객이 필요를 말하도록 만들어라.

등등 20가지 쓴다. 때로는 10개 정도 쓰면 쓸 것이 없다. 또 어제 쓴 것을 반복하고 있다.

이것을 처음 쓸 때에는 이런 것들이 나를 힘들게 했지만 반복되는 것은 그만큼 중요하기 때문이고 20개를 써야겠다고 했지만 20개를 못썼더라도 10개를 쓰려고 노력한 것에 나를 칭찬했다. 이렇게 하다보면 아침 시간이 1시간이 훅하고 지나간다. 이것이 시간이 지나고 몸에 배이니 30분으로 단축되었다. 나를 위한 하루의 규칙을 정하는 것이다.

하루일과를 마치고는 하루를 반성해 본다. 오늘의 잘한 점, 오늘의 개선할점, 하루에서 느낀 점으로 나를 점검하고 잠자리에 든다. 내 규칙을 업그레이드 하는 것이다.

핸드폰도 시간이 지나면 옛것이 된다. 좀 더 첨단화된 것을 좋아하는 것처럼 자신을 위해 규칙을 만들고 규칙이 성장하고 성장하다 보면 성공이 눈앞에 있을 것이다. 그래서 규칙을 위한 규칙을 세우고 지켜 나가야 하는 것이다.

제4장
거울에 비친 나의 습관을 보라

거울 앞에서 내 모습을 비춰본다. 거울 앞에 비친 내 모습 속에서 잘못된 것을 고치고 정리 정돈을 한다. 나의 단점을 알지 못하면 절대 잘못되었다는 것을 알 수가 없다. 망설이지 말고 나를 거울 앞에 세우고 당당하게 나의 잘못을 고쳐나갈 때 또 다른 도약이 나를 기다릴 것이다. 오래된 나의 습관을 거울 앞에 내 모습을 비추듯 습관도 비춰보면 무엇이 잘못되었는지 무엇이 잘 되었는지를 볼 수 있을 것이다.

나를 잘 파악해야 성장할 수 있는 것이다. 내가 글을 쓰면서 글을 통해 나를 비춰보는 시간이 되었다. 나를 깡그리 가감 없이 바라 볼 수 있으니 나의 오래된 습관 또한 개선의 여지가 있지 않은가.

질문을 잘하면 돈이 된다

질문을 잘 하면 돈이 된다? 질문만 잘한다면 돈이 되겠냐며 질문하는 사람도 많다. 말을 잘하는 사람을 보면 부럽다. 이유는 나는 그만큼 말을 잘할 자신이 없기 때문이다. 실제로도 말을 잘하지 못하는 사람이다. 그래서 어떻게 하면 말을 잘할지를 고민하게 되었고 유명 강연자를 보면 그들이 부러웠다.

매력 있게 말을 하는 사람들. 그중에 질문을 잘하는 사람들은 더 멋있었다. 내가 영업을 하면서 다른 사람들과 같이 뭔가를 설득하려고만 했다. 어느 날 걸려온 한 통의 전화 "네. 고객님 저희 ○○을 이용하는 노현숙 고객님이시죠?" 하면서 속사포 마냥 말을 쏟아낸다. 보험회사에서 내게 뭔가를 판매하기 위해 걸려온 전화였다. "보장이 좋은 상품이 있어서 연락드렸습니다." 전화를 끊으라고 할까봐 쉼표 없이 숨이 찰 정도로 계속해서 말을 한다. "제가 운전 중이라 전화 통화가 어렵네요!" 핑계를 대고 전화를 끝냈다. 다른 사람들도 나와 같겠지? 질문을 하고 답을 하는 것이 아니라 일방적인 통화 이것을 영업을 하던 선배들이나 내가 해오던 설득하는 영업이다. 설명만 하다 보니 그들의 대부분은 설득당하지 않으려고 하는 모습을 보게 되었다.

고객을 찾아가서 제일 먼저 하는 이야기에 앞서서 쫓겨 날까봐 두려웠다. 그러다 보니 자세를 숙이고 눈치를 봐가면서 게걸음을 하는 듯 그렇게 자신 없는 모습으로 가서 고객 옆에서 쪼그리고 앉아서 전단지를 꺼내며 '어떤 것 드릴까요?'라고 질문하는 것이 아니라 아무거나 꺼내서 "이것 맛보세요. 혹시 이런 것 한번 드셔보시면 어떨까요?"

"아뇨. 됐어요."

"네."

이렇게 돌아서는 것이 전부였다. 또 실패했구나 낙심하며 돌아서야 했다. 어쩌다 영업이 되면 얼마나 좋았는지……. 그러면서 알게 된 것이 질문을 해야 한다는 사실 내가 설득당하기 싫고 일방적인 대화를 하는 것이 싫어서 핑계를 대고 전화를 끊은 것처럼 고객들도 내 설명을 듣고 설득당하는 것을 좋아하지 않는다는 것을 여러 교육을 통해 알게 되었다.

질문해야 한다는 것이 무척이나 어려웠다. 뭐라고 질문을 하지? 우리는 1~2분 안에 클로징을 해야 하는데 무슨 질문을 하라는 것인지 안 맞다고 생각했다. 멘트에 대한 갈증은 있었고 영업을 잘 하고 싶다는 마음도 있었지만 내 속에서부터 안 된다고만 생각했고 포기하고 싶었다.

생각을 바꿔야겠다는 생각을 하게 된 것은 뜻밖에도 아이들과 대화 중에서였다. 딸 아이가 뭔가 잘못했을 때 야단만 치다보니 그때는 듣는 것 같아 보였지만 얼마 지나지 않아 또 비슷한 실수를 하게 된 것이다. 절망하면서도 훈계를 했고 또 잘못을 하고 이것이 반복이었다. 그런 실수를 하다가 한 번은 질문을 하게 되었다. 이번 일을 통해 "엄마가 뭐라고 이야기 할 것 같니?" "엄마의 마음이 어떨 것 같니?"라는 질문에 아이가 내가 하고 싶어 하는 말을 스스로 했다. 내가 느낀 감정을 말하고 내 마음의 상태까지 말했다.

"그럼 어떻게 해야겠니?" 라는 말에는 본인이 어떻게 하겠다는 다짐까지 스스로 했다. 그러다 보니 예전과 다른 상황이 벌어졌다. 내가 잔소리만 했을 때에는 또 다시 실수를 하고 또 야단을 치고 이런 것이 반복적이었지만 내가 질문을 하자 내가 하고 싶어 하는 말을 스스로 했고 자신이 말한 것을 책임지려고 했고 노력하는 것을 보면서 '아~ 영업도 이렇게 해야 하는 것이구나.' 생각했다.

질문으로 영업을 해 봐야겠다는 의지가 생겼다. 고객에게 다가가는 방법도 달랐다. 성큼성큼 고객에게 다가가서 물었다.

"요즈음 텔레비전에서 건강 프로가 많은데 어떤 프로 좋아하세요?"

"그 프로 중에 어떤 것이 기억이 나세요?"

"혹시 그쪽에 관심이 있으시거나 약하세요?"

"그럼 이건 어떠세요?" 하면서 "그곳에 좋은 녹즙을 맛을 보여 드렸어요. 그 약한 곳 때문에 어떤 노력을 해 봤어요?"

"그 약한 곳 때문에 돈도 많이 써 봤겠네요?"

"그럼 일 하다가 불편한 적도 있으시겠네요?"

"그럼 그런 것 들이 해소되면 정말 좋으시겠네요?"

이렇게 질문을 하니 고객과 대화가 되고 대화를 하다 보니 얼마냐고 묻지도 않고 달라고 계약을 했다. 가격을 묻는 고객도 있었다. 질문을 하다 보니 상황이 파악이 되고 상황이 파악되다보니 문제가 보였고 그 문제를 강조하니 해결점이 보였다. 그러는 사이 고객은 "네, 주세요." 라고 말하고 있었다.

아! 질문을 하니까 성공률이 높아지고 성공률이 높아지니 내 수입이 늘어갔다. 질문을 잘 하면 돈이 보인다는 말이 맞는 것이다.

그렇게 영업하다 보니 계약율만 높아진 것이 아니라 본인이 스스로 한 결정에 잘한 결정이라는 생각에 고객 반응이 좋았다. 일방적으로 설득하는 영업보다 질문하고 대답하는 사이에 대화를 주고 받으니 주변 사람들도 아는 사람과 대화하는 줄 알고 나를 쫓아내지 않았다. 시간이 더 들어갔지만 고객의 반응은 무척 좋았다. 그러다 보니 효과 본 사람들이 많아졌다.

질문을 여러 번 했는데도 계약이 안 된 사람들에게는 먼저 계약한 사람들의 사례와 효과 본 사람들의 이야기를 해 주니 거의 성공이었다.

이를 통해 나는 질문이 얼만큼 중요한지를 알게 되었고 그것을 실천하려고 애를 썼다. 그것은 고객과의 사이에만 있는 것은 아니었다. 친구들과의 대화에서도 그랬고 직원들과의 대화에서도 그러했다.

예전엔 왜 몰랐을까? 그것은 마음의 조급함과 자신감이 떨어지다 보니 질문하기보다는 짧은 설득을 하고 영업이 성공되지 않으니 또 실망하고 나는 영업과 체질이 아니라고 생각하기가 쉬웠다. 생각해 보면 나도 누군가에게 설득당하면 기분이 유쾌하지는 않았던 기억이 있다. 내가 그러니 고객들도 나와 같은 상황이 많았으리라 생각했다. 그러니 설득하려고만 하지 말고 질문을 많이 해야 성공률을 높일 수 있는 것이다. 내가 사용했던 방법은 현장검증을 거쳐 깨워진 것이다.

내가 일방적인 대화를 끌어갈 때에는 고객의 집중력이 짧다는 사실을 알게 되었다. 질문에 답하느라 자신이 이야기를 끌어가다 보니 시간 가는 줄 모르고 있었다. 친구들과 수다를 떨 때에도 마찬가지다. 내가 말할 때는 시간 가는 줄 모르고 수다를 떨다가도 다른 친구의 이야기를 들을 때면 내 집중력 또한 짧다는 것을 알았다.

　내가 잘 하는 말 중에 '입장 바꿔 생각해봐' 가 있는데 영업할 때에도 마찬가지다. 입장 바꿔서 내가 그 입장이라면 하고 생각해보니 나도 고객들과 다를 바 없었다. 영업할 때 관계속에서도 일방적이면 재미가 없다. 서로 주고받고 해야 하고 직업 중에 남의 이야기를 들어주는 일이 전문가 중에 전문가라는 생각이 들었다.

타인을 움직이려 하지 마라
그들 스스로 움직이게 해라

아이들을 키우다 보면 나를 돌아볼 기회를 많이 갖게 된다. 얼마 전 두 딸에게 이번 방학 때 면허를 따게 되면 학원비를 대주겠다고 했다. 그랬더니 차일피일 미루며 시간만 보내고 있었다. 어떻게 하면 면허를 따겠다고 도와달라고 말을 하게 될지 고민하기 시작했다.

두 딸을 불러서 이번 1월 안에 면허를 따게 되면 엄마가 학원비를 내줄 것이고 그 기간을 지나면 너희가 나중에 벌어서 면허를 따라고 말했다. 그래도 매일 매일 미루며 시간만 보내길래 또 불렀다.

"애들아, 엄마가 금년 안에 차를 바꾸고 싶어. 그래서 바꾸려고 계획을 세우고 있는데 엄마가 차를 바꾸면 지금 타던 차를 어떻게 할까?"

"팔겠지."

"팔기 전에 엄마가 아무런 행동 없이 팔아버릴까? 어떻게 할 것 같니?"

아이가 먼저 말한다.

"그럼 엄마 차를 바꾸게 되면 지금 타던 차 면허증이 있는 사람에게 줄 거에요?"

눈이 반짝이는 것을 보았다. 기회를 놓치지 않았다.

"엄마는 차를 바꾸면 바꾸기 전에 면허증 있는 사람에게 기간을 정해서 얼마간 줄 생각이에요?"

"그럼 그 다음에는요?"

"그 다음에는 차를 팔 거야."

"엄마, 왜 기간을 정해서 차를 주시는 거에요?"

"응, 그건 연습을 시키려고 그러지. 운전이 미숙할 테니 엄마가 쓰던 차로 연습을 하라고 하는 거지."

"그냥 계속 타게 주시면 안 돼요?"

"너희의 첫 차는 너희 형편에 맞게 너희가 벌어서 사야 귀하게 여기게 되지. 차를 가지려면 차량 구입비도 있어야 하고 차량 유지비도 필요하니 너희의 형편에 맞는 차를 너희가 사야 하니까. 그리고 준비하지 않으면 기회가 와도 가질 수가 없어 어떻게 생각하니?"

아이에게 면허를 따게 하고 싶었다. 학교 다니면서 면허를 따 놓으면 좋겠다는 생각에서 출발하게 된 것이다. 어디를 가고 싶어도 눈치 보며 누구와 같이 갈까를 고민하지 않고 아이가 모든 모임이나 단체에서 리더로서 세워지기를 원한다. 그러다 보면 어디 갈 때에도 면허가 있으니 "차를 빌려서 가자." 아니면 "내 차로 가자." 이런 말을 하며 적극적으로 나갈 수 있을 같아서이다.

그 다음날 둘째 아이가 학원에 등록하겠다며 입금해 달라고 계좌번호를 불러주었다. 내가 강제로 하라고 할 때에는 하지 않더니 필요와 목표를 일깨워 주었더니 즉시 움직이는 것을 알게 되었다. 학원비는 엄마가 내주면 시험 보는데 드는 돈은 본인이 아르바이트 한 돈으로 하겠다고 스스로 말했고 시험에 떨어지게 되면 계속 돈이 드니 한 번에 붙어야겠다며 열심히 공부하고 시험에 응했다. 학과 시험은 단번에 붙었다. 그리고 기능시험을 예약하고 연습한다. 먼저 어떻게 하면 한 번에 붙을 수 있는지 내게 묻기까지 했다. 인터넷을 찾아서 보기도 하고 학원에서도 집중력을 가지고 열심히 했다. 그렇게 열심히 했는데도 기능시험에서 떨어졌다고 얼마나 낙심을 하던지……. 그래도 포기하지 않고 '엄마 차 내가 타야지.' 하며 더욱 열심히 하는 딸을 보며 대견하게 생각이 들었다. 그런데 설상가상으로 두 번째 기능시험에서 또 떨어졌다.

"엄마, 나는 엄마 안 닮았나 봐요. 왜 이렇게 운전을 못하는지 포기할까봐요."

"딸아, 시험 볼 때 떨어지는 것은 공부한 것이니 괜찮아. 운전 중에 네게 미숙해서 당황하면 실수할 수 있으니 조심조심 그리고 안전하게 운전하라고 떨어진 것이니 이번엔 붙을 것 같으니 낙심하지 마."

딸아이의 세 번째 도전 기능시험이 있던 날 4시쯤 들뜬 목소리로 전화가 왔다.

"엄마, 붙었어! 붙었어요." 마치 면허시험에 붙은 것 마냥 들떠 있다.

"엄마, 내가 붙을지 어떻게 알았어요? 혹시 좋은 꿈꿨어요?"

용기를 주기 위해 했던 말들이 아이에게 큰 힘이 되었나 보다. 나도 좋았다. 그래서 여성시대 음성 사서함에 남겼다.

"엄마, 붙었어! 붙었어!"

작은 아이가 면허시험 기능시험에 합격하고 들떠서 내게 전화를 해서 한 말이다.

"두 번 떨어지고 포기하려고 하는 네게 엄마가 말한 것 생각나니? 연습에 떨어지는 것은 괜찮아. 한 번에 붙으면 네가 들떠서 운전하게 될까봐 조심조심 운전하라고 떨어졌던 것 같아. 그래도 포기하지 않고 붙었으니 다행이야. 딸, 정말 대단하다. 수고했어."

방송을 타고 사연이 소개되었다. 그리고 백화점 상품권까지 주겠다고 했다. 너무나 신나는 일이다. 첫 번째 주행시험을 보는 날. 딸 아이에게 연습시켜 줄 테니 가자고 했더니 망설인다. 내가 도와준다는데 왜 나서질 않느냐며 화를 냈다. 마치 아기들이 울 때처럼 입을 삐죽거리며 혼날까봐 마지못해 일어난다. 도살장에 끌려가는 송아지 마냥 억지로 아이의 고삐를 틀어쥐고 나가는 꼴이 되었다. 화가 났다 도와주겠다는데. B코스와 C코스를 집중적으로 알려줬다. 듣는 것인지 생각이 딴 곳에 가있는지 알 수가 없었다.

시험 당일 아이가 전화를 했다.

"엄마, 미안해요."

덜컥 또 떨어졌나 라고 생각했는데 "저 붙었어요." 그런데 뭐가 미안하다고 하는 것인지 몰라 어리둥절했다. "사실 어제는 억지로 끌고 간 엄마가 너무 미웠어요. 나한테 좀 맡겨놓지 나를 그렇게 못 믿나 싶어서 서운하기도 했고 짜증이 나서 혼났어요. 그런데 정말 B코스와 C코스가 자신이 없었는데 제발 B코스와 C코스만 되지 말라고 기도했는데……. 오늘은 엄마가 가르쳐 주서서 자신이 있으니 어느 코스든지 상관없다고 생각했는데 저 B코스 시험 받았어요."

대견했다. 내 마음을 알아주나 해서 안심이 되기도 했다. 그리고 또 "엄마는 틀린 적이 없는 것 같아요. 엄마가 하라고 하는 대로 하면 실수도 없고 좋은 일만 가득한데 왜 엄마 말을 듣기가 싫은 걸까요? 연수도 내가 기능시험에서 2번이나 떨어지고 낙심한 것을 본 엄마가 길을 알려주고 가르쳐 주고 시간도 내주고 고생했는데 그건 생각지도 않고 그냥 짜증만 냈구나 했어요."

왜 그랬을까? 분명 길이 맞는데 길이라고 하는데 왜 짜증이 났을까. 물레방아 바퀴가 머릿속에서 돌고 있듯 맴돌고 또 돈다. 같이 일하는 직원 중에 이런 사람이 있었다. 그녀는 "알았어요. 미안해요 내가 잘못했어." 라는 말을 자주 하는 말이었다. 그런 말을 자주 하다보면 자존감이 떨어지니 하지 말라고 했지만 고치지 않았고 "알았어요. 미안해요. 내가 잘못했어."라는 말로 무슨 일이 생기면 해결하려고 하기 보다는 그런 말로 도망치려 했다.

그녀의 어린 시절 어려움을 많이 겪다보니 자존감이 떨어져 모든 일에 자신감을 잃게 되어 문제에 대해 해결하기 보다는 도망치는 방법을 택했던 것 같다. 돕고 싶었다. 경력단절로 오는 여성과 스스로 일어서 당당하게 서는 모습을 보고 싶어 무작정 도와주고 싶어서 내가 성공한 이야기를 해 주고 내가 성공을 위하여 했던 것들을 함께하자고 권유하고 매일 한 것을 서로 주고받기로 했다.

그러나 그 결심은 얼마가지 않았다. 얼마 지나지 않아서 포기하고 이리저리 핑계를 대며 나를 피하기까지 했다. 아무리 어르고 달래도 얼마간 했다가 또 멈추고 다시 달래서 하게 하면 또 멈추기를 반복하며 나를 실망시켰다. 어떻게 하면 움직이게 할 수 있을까? 왜 그랬을까? 변하기 원하면서도 변화하기 위한 노력을 멈추는 것은 무엇 때문일까? 고민까지 하기 시작했다.

노력하지 않고 원하는 것을 가질 수 있을까? 가슴이 답답해졌다. 잘못하면 신경 쓰고 돈 쓰고 마음 쓰고 상처를 받을 수 있을 수 있으니 잘해야 한다. 어떡하지? 고민에 고민을 한 끝에 반대로 생각해 보자. 나는 좋은 취지에서 가자고 했지만 아이의 의견을 물어보지도 않고 짜증이 나지 않으려면 어떻게 해야 하지? 본인이 좋아서 해야지!

짜증이 나서 혼나면 어떤 기분이지? 기분이 나쁘니 나가기 싫어지고 딸아이의 상황을 떠올리며 생각했던 것이 확신을 주어야 한다고 생각하게 되었다. 그것보다 중요한 것은 본인이 필요하다는 것을 먼저 인식하고 도움을 청하도록 기다렸어야 하는 것인가? 하는 생각에 마음이 불편했다.

스스로 움직여야 능률도 오르고 성과가 있어 재미있어야 할 텐데⋯⋯. 내 경우를 봐도 금방 오르지 않는 성과 때문에 애를 태우고 있을 때 아이들에게 했던 것이 생각났다. 성과가 났을 때를 보여주고 더 나은 삶이 기다리고 있음을 그림을 그리게 하고 상상하도록 도움을 주기로 했다. 그림을 그리고 상상하며 실천하니 도움이 많이 되었다. 나부터 상상하며 그림을 그리다 보니 일이 힘들지 않았고 재미있었다. 딸아이가 신나서 면허를 따기 위해서 공부하는 모습에서 목표를 정하고 움직이면 가질 수 있다는 것 그리고 즐기는 것을 보았기 때문이다. 또 실망이나 좌절이 와도 어떻게든 이겨내려고 하는 것 그것이야 말로 성공의 밑거름인 것이다.

일하게 되면서 내 스스로도 움직이는 것이 힘이 드는데 직원이나 주변 사람들을 움직이게 하는 것은 더 어려웠다. 어릴 적 부모님이 여러 가지 나를 위해 가르쳐 주시고 가르친 것에 따르지 않는다고 야단을 많이 맞았다. 돌이켜보면 내가 지금 아이들 통해 느끼고 있는 것을 부모님들도 느꼈을 것이다. 또 현장에서도 이와 비슷한 일을 겪게 될 것이다.

그래도 강제로 끌로 가는 것 보다는 스스로 움직이게 하고 도움이 필요해서 요청할 때까지 좀 기다려 주는 것도 하나의 방법이라는 것을 알게 되었고 완성된 그림을 상상하며 자신의 지금의 모습과 미래의 모습을 그리게 하고 상상하게 되면 스스로 움직일 것이고 그때 방법적인 도움이 필요하면 그때 도와주는 것이 가치가 있다는 사실을 깨닫게 되었다.

세상을 둘러보아라

세상에는 많은 사람들이 각자의 삶의 색깔과 모양을 가지고 살아간다. 각자의 환경에서……. 무지개를 보면 각자의 색깔이 만나 무지개를 이루듯 아름답게 돌아간다. 무지개 중 어느 색깔 하나만 많거나 강하다면 무지개가 이루어질 수 있을까?

내게 두 분의 부모님이 계신다. 부모님이 서로를 많이 아끼시고 사랑했던 것을 기억한다. 돌아가시는 마지막 순간에 아버지는 내게 이렇게 말씀했다. "엄마의 편이 되어줘라. 엄마한테 잘해라." 이것이 아버지의 인생에 내게 한 마지막 말씀이다. 혼자 남게 될 엄마가 걱정되어서 엄마의 편이 되어주라고……. 그때 일이 떠올라 가슴이 찡하니 끓어오르는 이것은 그리움일까? 사랑일까?

두 분은 사랑 법에는 특별한 애정표현이 있다. 지금의 젊은이들 못지않은……. 시부모님과 함께 살 때에는 오지 못했던 아버지는 결혼한 딸자식에게 친정부모가 김치를 담가주는 것이 부러웠다고 했다. 분가한 후 김치를 배낭에 넣어서 짊어지고 아버지가 우리 집에 왔다. 아버지가 우리 집에 오는 날이면 같이 오지 못한 엄마에게 도착해서 전화하고 밥을 같이 먹으러 간다고 전화하고 밥 먹고 왔다고 또 전화하고 딸인 나와 이런 이야기를 했다. 언제쯤 출발할 거다. 또 출발하기 전 버스 타러 간다고 마지막 전화를 하고 집으로 갔다. 별나게 전화 많이 한다고 뭐라고 하면 아버지는 내 눈치를 본다. 그러면서도 여지없이 엄마에게 전화한다. 서로에게 어떻게 해야 좋아하는지 무엇을 궁금해 하는지 상대를 배려하고 사랑하고 있는 것이다.

내 부모님은 여러 번의 사업을 실패했고 다리 밑에 가 건물을 지어놓고 살 만큼 어려웠다. 공사장에서 밥해주는 함밥집을 할 때는 일이 너무 많아서 정말 힘들게 살았고 우리를 키웠다. 부부싸움도 간혹 했고 힘이 들 땐 불평불만을 하실 때도 물론 있었다. 그럼에도 사랑하는 마음이 너무 크다보니 잘 견뎠던 것이다.

젊은 시절 고생을 많이 하셔서 관절이 다 닳아서 관절 수술은 물론이고 열손가락의 관절염 때문에 약을 많이 먹었던 엄마는 위가 많이 안 좋다. 남편 잘못 만나서 고생했다는 말보다는 너희 아버지는 정말 꼼꼼하고 자상했다는 말로 지난시절의 힘들었던 과정을 다 잊은 듯하다.

자신이 겪고 있는 상황이 누구나 가장 힘이 들 것이다. "내가 제일 힘들어. 내 상황이 제일 힘들고 어려워." 라는 말로 사람들은 겪어 나가기보다는 자신을 합리화 하고 그저 주저 앉으려 한다. 그것이 상대의 탓이고 상대 때문이라고 불평불만을 한다. 그렇기에 어려움이 생기면 이겨나갈 생각보다는 이혼을 생각하고 미워하게 되는 것이다.

그것이 다른 사람의 상황이라면 느낌 없이 왜 못하냐며 그들의 상황을 쉽게 보거나 그냥 넘겨버린다. 그러다가도 그 상황이 되면 또 그 상황이 되면 "죽을 것 같다. 너무나 힘들다."를 반복하는 것이다.

각 사람은 무지개처럼 모양과 색깔을 가지고 살아간다. 각자의 삶 속에서 힘들게 살아가지만 그 색깔들이 모여 무지개의 전체 모양과 색깔을 맞추는 것처럼 우리도 지금도 진행 중인 것이다.

한 번 둘러보자. 세상을 둘러보면 나와 같은 삶도, 나보다 못한 삶도, 나보다 더 좋은 삶도 섞여 있다. 어느 것이 더 힘드냐? 덜 힘드냐는 내가 얼마만큼 사랑하고 살아가고 있느냐의 문제인 것이다.

나를 위해서 사는 삶, 내 가족을 위해서 사는 삶, 이것이 전부인 것처럼 생각하고 살아가지만 "나보다는 너를, 너보다는 우리"를 생각하며 살아가는 이들이 분명 있다는 것을 잊지 말아야 할 것이다.

내 발을 볼 것이냐? 내 발 밑 세상을 볼 것이냐? 더 넓은 세상을 둘러보며 살 것이냐의 문제인 것이다. 발 밑만 보다보면 장애물을 볼 수 없어 부딪치고 깨지는 아픔을 분명 겪을 것이다.

세상을 멀리보고 둘러보면서 우리들의 꿈을 키우는 것은 어떨까? 개구리의 하늘은 우물이 전부이고 그 개구리가 우물 밖을 나오는 순간 우물 밖 하늘은 정말 넓고 할 일이 많이 있다. 우리 함께 세상을 둘러보고 "내가 아닌 너, 너가 아닌 우리"를 생각하며 살아간다면 넓은 하늘을 보며 나갈 수 있을 것이다.

이제 세상을 둘러보는 여유를 가지는 우리가 되어 보아야 할 때인 것이다.

혼자 일하는 사람,
조직을 움직이는 사람

　요즈음 사람 구하기가 정말 쉽지 않다. 조직을 만들고 조직을 꾸려나가는 사람들이 많다. 그럼에도 사람들을 조직을 가지려고 하고 있다. 그 이유는 뭘까? 조직을 꾸려나가려면 정말 힘든 상황이 많다. 사람 때문에 속상한 일이 많이 있기 때문에 그럴 수 있으나 그래도 많은 사람들은 조직을 키워나가기를 소망한다. 혼자서는 한계가 있기 때문이다. 처음 사업을 시작하고 나는 혼자였다. 사업자를 내고 물건을 받고 물건을 정리하고 배달을 하고 지역을 개척하고 영업하고 배달했다. 고민이 있어도 혼자였고 배달을 하다가 잘못하고 실수를 해서 고객에게 야단을 맞아도 혼자이고, 고객이 효과를 봐서 너무나 좋다고 칭찬을 듣고 보람을 느껴도 혼자였다.

　혼자 일하다 보니 돈은 되었지만 같은 일상과 외로움은 참 힘들었다. 그러다 직원을 구해 나도 조직을 만들어 보고 싶었다. 직원을 구해 함께 일을 하니 너무 좋았다. 일을 마치고 사무실 아니 집에 돌아오면 같이 밥을 먹고 배달을 할 때도 각자의 자리에서 배달했지만 이야기를 나눌 직원이 있다는 것이 어찌나 행복하던지 신나는 일이 있어도 나누고 실수를 해서 낙담할 때에도 위로를 받을 수 있었다. 이래서 혼자보다 둘이 좋다고 생각했다.

계속적으로 영업을 했기 때문에 또 지역을 분할할 수 있게 되어 직원을 한 명 더 구하게 되었다. 둘이서 일할 때도 좋았는데 셋이 되어 우리가 되니 더 좋았다. 혼자서 5개의 영업을 하면 5개였지만 둘이서 5개씩 하니 10개가 되었고 셋이서 5개씩 영업을 하면 15개가 되었다. 한 달에 20개의 영업을 하면 혼자 일 때는 20개였지만 둘이 할 때는 40개였고 셋이서 하니 60개가 되었다.

좋은 점만 있었던 것은 아니었다. 불평도 혼자일 때는 속으로 삭히고 다시 마음을 다 잡아서 하면 되었지만 둘이 되니 나의 감정보다는 직원의 마음을 위로해야 했고 셋이 되니 세배의 마음이 쓰였다. 그중에 괴로웠던 것은 직원에 대한 교육을 체계적으로 시키지 못하고 해달라고 하면 다 해주려고 했고 그들의 편의를 봐서 도와줘야 했다. 나보다는 직원들의 감정이 중요했고 그들이 혹시나 사기가 떨어질까봐 걱정이 되어 불만이 있어도 말도 하지 못했다. 그러다 일을 그만두게 될까 무서워서 내가 먼저 편의를 봐주고 그들이 불편하지 않도록 마음을 써주었지만 그들이 나와 몇 년씩이나 같이 할 수 없어서 그만 둘 때마다 나는 우울증에 시달려야만 했다.

그런 생활을 계속하다가 교통사고가 났고 8개월을 입원해 있느라 일은 엉망이었고 설상가상으로 물건을 공급해 주던 회사가 문을 닫게 되어 일을 접을 수밖에 없었다. 일을 못하게 되니 서운했지만 홀가분하기도 했다. 내가 사장으로 있으니 모든 것을 내가 알아서 해야 했고 그들도 내가 다독여줘야 했으므로 그것이 많이 힘이 들었다. 그때 '사장이란 무엇일까? 보스란 도대체 무엇을 하고 어떻게 해야 하지? 라는 질문을 무수히 했었다. 보스의 사전적 의미는 최고 책임자이며 권력자 이고 회사에서 제일 높은 사람을 생각하게 되는데 다른 시각에서 보면 만약 내 아래 한 사람이라도 있으면 그 사람에게 나는 보스인 셈이다. 내 팀이 있고 그 팀원들이 나를 볼 때 나는 보스이다. 이렇듯 기업에서의 최고의 책임자뿐만이 아니라 팀에서의 아니면 부서에서의 아니면 선배를 넘어서서 보스가 될 수 있다고 생각한다. 이렇게 보스에 대해서 생각해보니 보스는 생각보다도 성큼 내게 다가올 수 있었다. 그리고 보스는 타고난 것이 아닌 만들어지는 것이라고 생각한다. 누구나 보스가 되고 싶어 하지만 그 덕목을 갖추지 않으면 보스가 되기가 어렵다. 보스가 될 준비를 어느만큼 하느냐에 따라 리더가 혹은 보스가 된다면 제대로 역량을 발휘하기가 어렵고 실패하기가 쉬운 것이다.

　나는 그때 실패를 맛보았다. 그냥 보스가 되기는커녕 리더도 못되었던 것이다. 작은 구멍가게에 사장은 뭐고 보스가 뭐람. 내가 하는 일이 녹즙지사였고 주업이 배달이었기 때문에 거창한 보스나 리더를 생각하기 보다는 마냥, 마냥 같이 나눌 수 있는 사람이 있다는 것이 좋았다. 나와 함께하는 직원이 있다는 것이 좋기만 했고 힘이 덜 들겠구나 생각했었다. 함께 성장해야한다는 생각보다는 힘이 덜 들겠다는 생각만 하게 된 것이다. 그것이 문제였다. 나를 발전시킬 그 무엇을 공부해보려고 하지도 않았고 그냥 지역을 분할해서 배달만 하게 했으니 그들에게도 나에게도 발전은 없었던 것이다. 나의 가장 큰 실수는 그들이 필요를 말하기 전에 너무 편의를 봐 주었던 것이 문제였다. 보통 사람들은 '돈 벌기가 얼마나 어려운지 알아? 땅을 파보라 동전하나 그냥 나오나.' 라고 이야기하고 생각한다. 그러나 부자들은 돈 벌기는 너무 쉽다. 세상에서 돈 벌기가 가장 쉽다고 교육을 시킨다고 한다. 그것은 물고기를 잡아서 한 끼의 끼니를 먹게 하는 것이 아니라. 물고기 잡는 법을 가르쳐 줌으로써 스스로 끼니를 해결할 수 있도록 교육하는 것이다. 그런데 나는 물고기 잡아서 먹게 해주는 것이 나의 최선이라고 생각했다. 그래서 영업 하나 더 해주는 것이 그들을 도와주는 것이라 생각해서 영업해주고 영업사원을 불러서 그들의 개수만을 채워주려고 했다. 왜냐하면 그들이 그만 둘까봐 걱정이었기 때문에 그들의 편의를 봐주는 것이 최선이라 생각해서 미팅을 통해서 회의를 한다거나 제품교육이나 고객관리에 대한 교육조차 하지 않았다.

아침 일찍 일어나서 배달해서 힘들다 하면 집에 가서 쉬어라. 약속이 있다 하면 빨리 끝내고 가라고 하는 등 심지어는 그들이 일이 있다고 하면 배달도 대신해서 그들의 책임감마저 저하시켰다. 그때에는 경험이 없었고 내가 보스라는 생각도 하지 않았고 리더라는 것을 잊은 채 동네 편한 언니였다. 그러다 보니 본인들의 수입이 조금 줄거나 피곤하면 힘들어서 못하겠다고 했다. 그럴 때마다 나는 절망을 반복하고 있었다. 지금 생각해 보면 그들에게 발전적인 것이 아무것도 없었고 책임감도 저하되었기 때문에 나올 수 있는 행동이었던 것이다. 스스로 일어서는 법을 알려주고 옆에서 지켜봐주고 독려를 해 주었어야 했는데 아쉬움이 많이 남는다. 독수리새끼가 성장해서 날아오를 수 있도록 힘을 기르기 위해 먹이를 잡아서 먹이고 어느 정도 날개의 힘이 생길 때쯤 절벽에서 새끼를 밀어버린다는 이야기를 들은 적 있다. 절벽에서 밀려난 새끼는 살기 위해 죽을힘을 다해 날개 짓을 해서 날아오르거나 그냥 떨어져 죽는 것이다. 독수리도 그것을 아는 것이다. 언제까지나 먹이를 주어서 그 새끼가 살아갈 수 없다는 사실을……

귀한 자식일수록 매 한 대 더 때리고 미운자식 떡 하나 더 준다는 말이 있다. 아이들 버릇을 잘 가르치기 위해서는 아이에게 당장 좋게만 해 주는 것이 오히려 해롭다는 말이다. 비슷한 속담으로 "귀한 자식 매로 키워라."라는 말도 같은 의미이다. 그들이 있어서 좋았던 만큼 그들이 스스로 일어서도록 강하게 혹은 교육을 시켰어야 했는데 그렇게 하지 못해서 나는 나의 첫 직원들을 실패하게 된 것이다.

이제 경력도 쌓이고 나이가 들다보니 이젠 교육 방법이 많이 달라졌다. 여러 번의 실패를 하다 보니 경험이 많아진 것이고 인터넷이나 여러 교육 프로그램을 통해서 배우면서 나의 생각과 노하우가 체계적으로 변해가고 있었기 때문이다. 이젠 영업 1개가 그들에게 도움이 되는 것이 아니라 독이 될 수도 있다는 사실을. 가장 최근에 들어온 직원의 이야기를 해 보려고 한다. 그녀는 나보다 50대 초반이고 심성이 착했다. 맡겨진 일에 충실했고 성실했다. 그러나 사람에 대한 두려움이 있어서 처음 가는 사람이나 처음 만나게 되는 사람에게 다가가기가 힘들어 했다. 예전 같았으면 내가 그냥 영업해 주고 영업사원 불러서 개수 채우는데 열을 올렸을 것이다.

예전과 달라진 방법은 처음 몇 사람을 영업하는 것을 보여주고 하라고 교육 시켰다. 처음 가는 사무실을 두려워하지 않도록……. 변화는 그리 오래가지 않아 나타났다. 두려워하고 무서워만 하던 그 사원은 내가 동행했기에 담대하게 나가서 영업을 했다. 클로징으로 성공을 하던 안하던 그것이 중요하지 않았고 그 사원이 도전했다는 것에 대한 칭찬을 아끼지 않았다. 칭찬은 고래도 춤추게 한다고 했던가. 내가 그 지역에 가는 것은 영업해 주러 가는 것이 아니라는 것을 심어주고 함께하고 하도록 도와주는 것이 더 큰 목적이라는 것을 교육시켰다. 입사한지 4개월 차인데 이제는 영업을 곧 잘하고 영업만 잘하는 것이 아니라 고객관리도 어떻게 해야 하는지 내게 질문하고 스스로를 발전시켰다. 내가 해야 할 일은 격려해 주는 일이 다였음에도 불구하고 많이 발전한 직원이기도 했다.

또 이런 직원도 있었다. 자신 있게 문을 열고 들어오지도 못 하고 "저 같은 사람도 일할 수 있나요?" 라고 질문하며 반쯤 문을 열었던 직원. 사람들에게 다가가서 먼저 말을 시키는 것이 가장 어렵고 그것을 고쳐보고 싶다는 것이 그녀의 의지였다. 지금은 어떨까? 변했을까? 나와 일한 지가 벌써 6년이 되었다. 지금 그 직원은 직원들 사이에서도 숨은 강자라는 별명을 가질 정도로 변했다. 지금은 자신 있게 영업도 잘하고 그 지역을 본인이 사장인 것으로 인식하고 잘 키워 나가고 있다. '무얼 해 줄까?' 가 아니라 '어떻게 하면 좋을까?' 를 서로 이야기하고 극복하고 도울 수 있어야 진정한 보스로서의 모습으로 나아가는 것이다.

'무엇을 해 줄까?' 보다는 '어떻게 하면 좋겠니? 너는 어떻게 하길 원하니? 내가 뭘 해 주기를 원하니? 함께 해 보자.'로 변해갔고. 달라졌다. 그러다 보니 그 직원이 내게 도움을 청하기전에 먼저 자신이 해 본 것을 나에게 이야기 해 주었고 달라지고 싶은데 어떻게 하면 좋을지를 물어왔다.

놀라운 발전이었다. 그렇게 하다 보니 열 명이 넘는 직원들과 지금은 함께하고 있는데 분명한 것은 혼자보다는 조직을 갖춰서 나갈 때 시너지 효과는 대단한 것이다. 혼자로 끝날 것이냐, 진정한 보스로서의 모습으로 키워나가느냐는 나 스스로의 선택인 것이다. 내가 먼저 달라지니 직원들도 달라졌고 분위기 또한 달라졌다.

피하지 말고 당당하게 맞서라

　바닥에 떨어져 있는 음식들 뒤엉킨 냄새, 깨진 그릇들 엎어져 있는 밥상 울고 있는 엄마의 모습 보지 않아도 다 알 것 같은 모습 오늘 또……. 여러 가지 생각이 들었다. 도망가고 싶다. 아니, 죽고 싶다. 여기에서 벗어나려면 어떻게 하지 그러면 엄마는……. 나는 엄마 때문에 가출하고 싶은 내 마음을 감춘 채 어질러져 있는 음식들을 치우고 그릇들을 정리했다. 언니와 오빠들이 다녀간 것이다. 내게는 엄마가 다른 언니 한 명과 오빠 셋이 있다. 그들이 오면 여지없이 이런 일이 반복적으로 일어났다. 엄마는 울고 아빠는 한숨을 내쉬고 동생이 오기 전에 이런 상황을 마무리 짓고 싶었다. 내가 겪는 것도 힘이 드는데 동생이 보고 느끼고 절망하는 모습을 보기 싫었다.

　그들은 우리가 호강하며 잘 산다고 생각을 했고 우리 식구(엄마, 아빠, 동생, 나) 모두가 가해자라고 생각했다. 우리만 없어지면 된다는 생각을 했던 것 같

155

다. 나는 그분을 큰 엄마라고 불렀다. 허드레 바지에 투박한 손 뚱뚱한 몸 검은 피부를 가지고 있던 그분은 정말 전형적인 시골 아낙이었다. 그 반면 아버지는 요즘 나오는 꽃미남 연예인이 부럽지 않을 만큼 얼굴이 잘생겼다. 장사를 하고 있었기에 아버지는 많은 사람들 아니 많은 여자들에게 인기가 좋았다. 누가 그랬던가? 얼굴값 한다고. 그랬다. 잘 생긴 외모에 돈까지 있고 거기에 인심 좋은 행동까지. 그러다 보니 많은 여자들이 아버지의 환심을 사고 싶어 했다.

엄마는 잘생긴 외모와 인자한 말투를 가진 아버지를 처녀 때 만났다. 아버지를 만났을 때 아버지는 자신을 총각이라고 소개했고 매너 좋은 아버지의 모든 것은 엄마를 사로잡았다고 한다. 엄마는 새어머니(외할머니)의 소개로 중매서는 사람을 통해 한 사람을 만났는데 그 남자는 폐병 환자였다고 했다. 그 사람과 결혼하기 싫었던 엄마는 도망을 쳤고 그 어려운 상황 속에서 아버지를 만나게 되었는데 친절하고 잘생긴 아버지의 모든 것은 엄마를 사로잡아 아무것도 안 들리고 보이지도 않았다고 한다. 엄마가 아버지의 상황을 알게 된 것은 이미 내가 엄마의 뱃속에 생긴 후였다. 몇 번이고 아버지를 떠나려고 했지만 뱃속에 있는 나를 어쩌지 못하고 그대로 살게 된 것이다.

그러니 언니와 오빠들에게는 엄마가 원수 같았고 그 속에서 태어난 나는 미운 존재요, 가정파괴범인 것이다. 늘 죄인처럼 살아온 엄마는 모성본능이 너무나 강한 분이다. 그러나 그런 환경에서 태어난 나에게 늘 네가 행동을 잘 해야 한다. 네가 행동을 잘못하면 첩의 자식이라는 소리를 들으니 행동을 조심스럽게 하고 네가 늘 참아야 한다고 생각했고 그렇게 교육시켰다. 그러는 사이 나는 늘 양보해야 했고 참아야 했고 주눅 들어 있었다. 그런 내 모습을 들킬까봐 더 명랑하게 행동을 했고 밝은 표정을 해야 했다. 어려서부터 가장 많이 들었던 이야기는 밝다는 것이다. 초등학교 때 친구들은 나를 그렇게 기억하고 있었다. 친구와 다투고 집에 들어가서 엄마에게 말하면 엄마는 늘 네가 참고 양보 해라 라고 말씀했다.

아버지와 엄마는 옷 장사를 크게 했다. 장마다 가게를 사서 꾸미고 열심히 장사했지만 무리하게 사업을 확장시키다 보니 돈이 많이 들었고 여기저기에서 돈을 빌려서 사업을 하다 보니 많은 이자를 감당하지 못해서 사업을 망하게 되었다. 나는 큰어머니 댁에 가게 되었고 그 곳에서 언니와 오빠들의 눈치를 보며 지낼 수밖에 없었다.

한 번은 큰 고무다라에 쪽파를 가득 담아서 까라고 시켰다. 나이 차이가 많이 나던 언니의 눈에는 내가 너무나 미웠고 일을 많이 시켰다. 고사리 손으로 쪽파를 까고 있는데 쪽파가 매워서 눈물이 났고 놀지 못하고 쪽파를 까야하는 것이 속상해서 울고 있을 때 친구들이 "현숙 아! 노~올 자." 하면서 한 명 두 명 모여 왔다. 이거 다 까야 놀 수 있다고 친구들에게 말했더니 친구들이 모여서 쪽파를 까기 시작했고 쪽파 까는 속도가 점점 빨라졌다. 욕심이 났다. 더 빨리 놀고 싶은 마음에 "야, 뒤에 끝을 따지 말고 앞에 쪽파 대가리만 까."라고 했다 친구들은 내말을 따라서 쪽파 대가리만 열심히 까고 있었는데 지나가던 언니가 그 말을 들었던 모양이다. 깐 쪽파가 들어있는 다라이를 엎으며 "현숙이 너 못 나갈 줄 알아. 너희들은 가라." 친구들은 눈치를 보며 집으로 갔다. 눈물이 났다. 그때 그 쪽파가 매워서 울었고 엄마가 보고 싶어서 울었다. 나만 혼자 버려진 것 같아 서러웠다. 그때부터 나는 쪽파를 까지 않는다. 쪽파 김치가 먹고 싶으면 아무리 비싸도 까놓은 쪽파를 샀다.

그렇게 서러움을 받다가 엄마와 아버지를 만나서 다시 함께 살게 되었다. 사업을 실패하고 밤에 도망치는 모습으로 나왔기에 서울에서도 고생이었다. 아버지 친구의 도움으로 공사장 함밥집을 하게 되었는데 안양천 다리 밑에 판자로 대충 집을 지어 거기에서 살았다. 장마가 질 때면 집이 잠길까 두려웠고 장마로 인해 물에 빠진 시신들이 우리 집 근처까지 둥둥 떠내려와서 사람들이 몰려왔고 그럴 때면 엄마와 아버지는 우리들이 보게 될까 걱정이 되어 전전긍긍했다. 때로는 쌀이 떨어져 밥을 빌려오기도 할 정도로 형편이 어려운적이 많았다.

그렇게 고생하면서도 늘 우리들은 가해자로 인식하고 그런 원망을 받으며 살 수밖에 없었다. 내 행동에 대한 결과를 생각하고 남들의 평판이 늘 고민이었다. 다른 사람들은 뭐라고 할까? 뭐라고 생각하며 나를 볼까? 이것이 문제였고 그러다 보니 내 행동에 대한 추진력과 자신감보다는 결과와 남의형편을 먼저 생각해야만 했다. 첩의 자식이라는 엄마의 말처럼 나의 행동에 브레이크를 잡았다. 나는 자신감이 늘 없었다. 늘 숨바꼭질 하는 것처럼 늘 숨어야 했다.

고등학교 때 제일 친한 친구인 경애와 나는 걷기를 좋아했다. 같이 운동을 하고 같이 밥을 먹었다. 친구는 매일 차비와 간식 비를 부모님이 주었기에 경애는 그 돈으로 나를 자주 사주었다. 그리고 걸으면서 이런 저런 이야기를 나눌 때면 그 친구는 내게 속에 있는 이야기를 해 보라고 했다. 그럴 때면 나는 울면서 우리 가정에 대해 이야기했고 울고 있으면 친구도 따라서 울었다. 울면서 걷다보면 어느새 한남대교까지 걸어갔다. 그럴 때 치나가는 차 소리를 들으며 "젊은 미소"를 불렀다. 그럴 때 마다 조금씩 내 자신이 자신감을 찾아갔었던 것 같다.

경애하고의 만남은 좀 특별했다. 고등학교 들어간 지 얼마 되지 않아서 태권도부에 들어갔다. 복도에서 한 아이가 울고 있었다. 나는 다가가서 그 친구에게 말을 걸었다.

"왜? 울어? 슬픔은 나누면 반이 되고, 기쁨을 나누면 배가 된다고 하잖아. 이야기 해봐."

그 말에 짧고 강력한 한마디를 던졌다.

"아버지가 돌아가셨어." 난 아무 말도 할 수 없었다. 그 친구는 혼자서 생각을 좀 해보려고 했다가 나로 인해 기회를 잃어버린 것이다. 그 일이 있은 후 우리는 친한 친구가 되었다. 그 친구로 인해 나는 조금씩 자신감을 얻어갔다.

내 힘든 결혼 생활 때에도 엄마는 늘 나 보고만 참으라고만 했다. 남편에게 순종하고 흠 잡힐 행동을 하지 말라고 했다. 힘들었지만 나는 습관처럼 내 행동에 대한 결과와 평판이 두려워서 모든 것을 참고 견뎌야만 했다. 문득 이런 생각이 들었다. 내가 왜 가해자지? 언니 오빠들은 늘 불행하게 살았으니 언니 오빠들은 늘 피해자라는 이야기를 들었기 때문이다. 내가 가해자가 아니라는 사실을 결혼하고 용산으로 이사한 후 집 주변 교회 담임 목사님을 만나고 부터 달라졌다. 개척교회 담임 목사님은 사랑이 많았다. 목사님이 꿈은 교회 건물을 지어 지하에 노숙자 목욕시설을 해 놓고 그들이 깨끗하게 목욕하고 새 사람이 되길 소망했고 늘 어렵고 힘이 없는 사람들을 향해 손을 내밀 정도로 약하고 어려운 사람들을 사랑했다.

시어머니는 절에 다닌다. 한 번은 큰 수술을 하고 병원에 입원해 있었는데 병문안 온 목사님은 가실 때까지 시어머님의 손을 놓지 않았고 안타까워 했다. 그런 목사님의 모습을 보신 시어머님은 저런 분이 진짜 종교인이라고 했고 목사님의 사랑이 느껴져 감명을 받았다고 했다. 같은 종교인도 아닌데 어쩜 저렇게 안타까워하고 인자한 눈빛을 주시는지 따뜻했다고 했다. 그런 목사님은 나에게 말씀했다. 내가 가해자가 아니다. 나 또한 상처받은 사람이지 절대 상처를 준 사람이 아니라는 사실이었다. 목사님은 나에게 어떻게 부모를 골라서 태어날 수 없듯이 이것은 운명이라고 그러니 주눅 들어 있지 말라고 했다. 부모님의 선택으로 인해서 내가 고통 받을 필요는 없다고 주어진 삶에 감사하며 자신감 있게 살라고 했다. 그러면서 교회 안에서 나를 리더로 세우기 위해 많은 것을 교육시켰다. 자신감 없는 나를 사람들 앞에 세웠고 연습시켰다. 언젠가 목사님께 감사하다고 나를 성장시켜주신 것은 목사님이라고 했더니 그 목사님은 아니라고 내 속에 재능이 있었다고 하더라도 그것을 찾아내주고 발전시켜준 분은 목사님이다. 그런 목사님을 만났기에 지금의 내가 있는 것이다.

이처럼 우리가 알고 모르는 사이 나를 돕고 있는 사람들이 있다는 사실을 알고 감사하면 좋은 일이 계속 생기고 발전할 것이다. 내가 내 운명에 맞서서 지금 이렇게 내 이야기를 아무렇지 않게 할 수 있는 것도 큰 용기가 필요했지만 그래도 행동으로 옮기지 않았나 싶다. 나를 변화시켜서 이렇게 쑥쑥 효과로 사람들을 안내하는 내비게이션이 되는 소망을 가지고 발전시킬 수 있는 것 이것이야말로 운명에 맞서는 당당함이 아닐까? 상처를 감추고 숨길 때 문제가 생기는 것이지 그것을 도려내는 아픔을 겪을 때 치유가 일어나는 것이다. 숨겨진 나만의 상처를 짜내고 도려내고 숨겨두지 말고 드러내는 아픔을 겪을 때 치유와 발전이 일어나는 것이다.

정신을 차려라
내가 갑이다

세상이 많은 갑질 논란에 시끄럽다. 예전보다 지금이 더 심해진 것인지 아니면 거기에 적응이 되어 모르고 지나갔고 원래 그래 라는 말로 그냥 지나갔던 것이 아닐지…….

얼마 전 방송에서 개구리 실험을 본적이 있다. 뜨거운 물에 개구리를 넣었더니 그 개구리는 바로 도망가 버렸다. 그리고 다른 곳에 개구리를 넣고 서서히 물을 가열하니 개구리는 아무것도 모른 채 수영만 하고 있었다. 물이 점점 더 뜨거워져도 개구리는 죽지 않고 그냥 수영하고 있었는데 어느 순간 한계에 이르자 죽고 말았다. 어떠한 상황이냐에 따라 금방 반응이 나타날 수도 있고 환경에 적응하며 지내다가 한순간에 죽을 수도 있는 환경이 있다. 갑인 사람, 배운 사람 우리는 그들을 권력자라고 생각했고 그들은 원래 그래 라는 생각을 하며 지낸다. 그들의 행동을 보면서 그런 사람들은 그럴 수도 있어 라고 생각하며 적응해 나갔던 것이다.

그런데 지금 나는 내가 갑이라고 말하고 있다.

"갑? 그래 갑이다."

갑으로 살아야만 한다. 나는 영업을 하고 장사를 하고 사업을 하는 사람이다. 그러다 보니 자연히 고개를 숙이게 되고 숙인 머리를 들지 못하고 눈만 치켜뜨고 눈치를 살피며 살았다 "왜?" 나 자신부터가 고객이나 상대에게 불편을 끼치는 사람이라고 생각했고 그렇게 행동하며 살았다. 많은 영업인들이 그렇게 생각하기에 굽실대며 영업을 하며 살아온 것이 사실이다. 내 부모님이 그러했다.

그렇다면 "누가 갑이고 누가 을"일까? 생각해 보면 우리의 일상에서 많은 갑과 을이 존재한다. 너무 거창하게 생각하니 "무슨?" 이렇게 볼 수 있으나 그렇지 않은 것이 우리가 상점에 가서 물건을 사게 되면 자연히 우리는 갑으로서 질문하고 물건을 구입할 때면 고자세가 된다. 그 반대의 상점 주인은 고개를 숙이고 고객의 필요를 채워주고 그 대가로 돈을 받기에 낮은 친절한 어투로 이야기 한다.

갑과 을은 대단한 것은 아니다. 언제나 우리 곁에서 쉴 사이 없이 일어나고 있고 우리와 밀접한 관계를 이루고 있는 것이다. 이것이 나쁘다는 것은 아니다. 그러나 우리가 갑의 상황일 때 어떻게 생각하고 행동하느냐가 있는 것이다. 우리들의 깊은 생각 속에 그들 즉 고객에게 불편을 끼치는 사람이라고 생각하고 행동하면 우리는 불편한 사람일 수밖에 없는 것이다. 그러나 그들에게 필요를 인식시켜주고 그 필요를 그들 스스로가 말할 때 영업을 하면서도 우리는 고개를 들고 어깨를 펴고 갑으로서의 행동을 하며 영업을 성사시킬 수 있는 것이다. 고객에 필요를 채워주는 사람이 우리이기 때문이다.

고객과의 대화에서 살펴보면 우리는 긍정의 질문으로 고객을 유도하지만 그것을 받아들이고 싶지 않은 사람들 즉, 우리에게 설득당하고 싶지 않은 사람들은 부정으로 말한다. 부정으로 말한다고 해서 그 물건이 필요 없는 것은 아니지만 설득하는 영업인에게 설득당하지 않으려는 작은 몸부림에 불과하다. 부정 질문은 부정적인 연상을 하게 만드는 질문이다. 반면 긍정 질문은 그 반대를 말한다. 당연히 우리는 고객이 긍정적인 연상을 하도록 만드는 긍정 질문으로 영업을 해야 한다. 그렇기 때문에 우리가 먼저 낮은 자세 고개 숙인 자세가 아니라 갑의 자세로 고개를 들고 어깨를 펴고 당당한 걸음으로 나아가야 하는 것이다.

우리에게서 풍겨나는 향기가 긍정의 향기요, 필요의 향기라면 우리들은 갑이 될 수 있는 것이다. 고객을 향해 긍정적인 연상을 하게 만들고 긍정의 이미지를 심겨지는 순간 우리는 영업을 성공하는 것이다. 이 상황에서 우리가 잊지 말아야 하는 것은 부정적인 연상은 말하는 사람에게 부정적인 이미지를 심어준다는 것이다. 영업의 결과에서 부정의 이미지 때문에 성공할 확률도 떨어질 것이고 이미지 또한 부정으로 남게 됨을 잊지 말아야 한다.

내가 MBC 라디오 '이 사람이 사는 세상'에서 말한 것처럼 "긍정의 말에는 씨가 있어서 그 씨를 심으면 긍정의 싹이 나고 긍정의 잎이 나서 긍정의 열매를 맺는다. 부정에도 씨가 있어 부정의 말에 씨를 심으면 부정의 싹이 나고 부정의 잎이 나서 부정의 열매를 맺는다." 라는 말을 한 적이 있다. PD님도 그이야기에 고개를 끄덕이며 정말로 맞는 이야기라고 공감해 주었다.

현장에 나갈 때 먼저 거울 앞에 선다. 거울을 보며 미소를 점검하고 말을 연습 해 본다. 감사합니다. 사랑합니다. 축복합니다. 할 수 있다. 나는 오늘도 성공 한다.를 외치고 옷매무새를 단정히 점검한 후에 출발한다. 여기에서 보면 부정의 말은 하나도 없다. 에너지 넘치게 나를 점검한 후 나가는 것이다. 고객 앞에 서면 나도 모르게 습관처럼 고개가 숙여지고 어깨가 늘어지고 발걸음도 살금살금 도둑 고양이처럼 걸어서 고객 앞으로 간다. 우리들의 영업 방법은 업무를 보고 있는 조용한 사무실에서 해야 하기에 그 분위기에 눌리는 것이다.

한 번은 상암동 어느 건물에 영업을 하려고 문을 열었다. 몇몇 사람들이 나를 쳐다봤고 눈이 마주쳤다. 그때마다 갈등하는 것은 고개를 숙일 것이냐 고개를 들고 당당히 들어갈 것이냐다. 순간 나는 후자를 선택했다.

고개를 들고 어깨를 펴고 당당한 걸음으로 특별한 배치를 하고 있는 사람에게로 걸어갔다. 아마도 그 부서의 책임자인 듯싶은 사람이었다. 내가 당당한 걸음으로 걸어갔더니 끝자리에 앉아있던 직원이 나를 제재하지 못했다. 왜냐하면 책임자와 아는 사람이라고 생각했다고 나중에 말해 주었다. 당당한 걸음으로 걸어서 그 책임자 나중에 계약서를 작성한 후에 보니 그 방의 이사님이었다. 일어서며 내게 질문을 한다.

"어떻게 오셨나요?"

"네, 안녕하세요? 고객님의 건강을 점검해 드리러 왔습니다. 건강하셔야 일에 능률도 오르잖아요? 직함이 어떻게 되시죠?"

"이삽니다."

"아! 이사님 요즈음 건강은 어떠세요? 일이 많으셔서 피곤하죠?"

"네, 피곤하죠?"

그렇게 대화를 이어 나갔다 예전 같으면 고객 책상 밑에서 한쪽 무릎을 꿇고 영업했을 텐데 이번에 상황이 달랐다. 조용한 사무실이었고 내가 영업을 하는 사람이라는 것이 탄로 나면 그대로 쫓아내겠지만 어깨를 펴고 성큼성큼 걸어서 이사님 앞으로 가니 아마도 이사님과 시간 약속이 되어 있었나 보다 하며 나를 붙잡지 못한 것이다. 그래서 더 당당하게 했다. '이왕 쫓겨 나더라도 높은 사람에게 쫓겨 나는 것이 폼 나지 않겠어. 당당하게 맞서서 갑으로 영업을 해 보는 거야!' 라는 생각으로 내 가방도 고객의 책상 위에 놓으며 말을 이어나갔다.

"건강을 위해 하고 있는 것이 있나요? 식생활은 어떠세요? 방송에서 야채를 어떻게 이야기 하나요?"

그렇게 이야기를 주고 받는다. 그리고 결정적인 말을 한다.

"그래서 우리가 필요한 거예요. 여기에 사인하고 인적사항을 적으면 고객님의 건강은 제가 챙겨 드릴 수 있습니다."

그러자 계약서에 사인을 하고 인적사항을 적은 뒤 그 분은 내게 "잘 부탁합니다." 라고 했다. 그리고 주변의 직원들을 보시며 "이봐! 여기 사장님의 이야기를 들어보고 필요한 사람은 계약하도록 해." 라며 나를 위한 멘트도 해주었다. 그 이사님과의 인연은 지금도 이어가고 있지만 지금은 새로 사업을 시작하셨는데 지금의 직함은 대표님이다. 마침 상암동에서 사업을 시작하다 보니 내게 "여기도 와 줄 수 있어요?"라고 물어보았다. 이 인연이 얼마나 감사하던지 지금도 그때 일을 떠올리면 정말 생각과 말과 행동이 얼마나 중요한지 느끼고 되새기는 일이 되었다.

한번은 ㅎ대에 갔을 때였다. 아는 분이 ㅎ대에 총무과 부장님과 학생처장님을 소개해 주겠다고 하셔서 같이 동행했다. ㅎ대 영업을 해 보고 싶었는데 기회가 생길 것 같아서 얼른 따라 나섰다. 학생처장실로 들어갔더니 마침 잠깐 자리를 비웠다. 소파에서 기다리라고 하는 안내를 받았는데 예전 같으면 소파 맨 끝에 앉았을 것이다. 이번엔 맨 끝이 아니라 두 번째 자리에 앉았다. 그리고 소파 끝에 앉는 것이 아니라 소파 깊숙이 앉았다. 마치 자주와 본 사람처럼 편안하게 앉아서 기다리는데 학생처장님이 왔다. 인사를 나누고 명함을 내밀며 내 앞 자리에 앉았다. 나도 일어서며 명함을 꺼내서 드렸고 서로 눈을 마주쳤다.

지인 분이 소개를 잘해줘서 그랬는지 그 학생처장님의 반응이 참 좋았다. 인상도 너무나 좋았고 계약은 성사되어 ㅎ대에 우리 물건을 배송하기로 했다. 인사를 나누는데 "만나서 영광이었습니다. 잘 부탁드립니다." 라고 말한다. 부탁은 영업하는 내가 해야 하는 것 아닌가. 고객이 나에게 잘 부탁한다고 하다니 신나는 일이었다.

이런 일은 종종 일어난다. 내가 갑이 되면 상대는 당연히 을이 될 수밖에 없다. 그 선택은 내가 하는 것이다 갑을 선택하든 을을 선택하든 상대는 내가 선택한 것의 반대가 되는 것이다. 거기에 맞는 말과 행동을 같이 한다면 당연히 우리는 갑이 될 수밖에 없다. 주도권이 우리에게 있는 것이다.

자, 그렇다면 무엇을 선택할 것인가?

갑일까?

을일까?

정신을 바짝 차리지 않으면 순간에 의도 하지 않게 방향이 흘러갈 수 있으니 정신 바짝 차리고 갑으로 행동하자고 다시 다짐해 본다.

실력으로 승부하라

찰스 다윈은 "강한 자가 살아남는 것은 아니다. 현명한 자가 살아남는 것도 아니다. 변화하는 자가 살아남는 것이다."라고 말했다. 그렇다면 공룡들은 왜 멸종했을까? 세상은 강한 자들만 살아남는 것처럼 보이지만 그렇지 않은 것이다. 그렇다고 똑똑한 자들만이 살아남는 것도 아니다. 많이 배우고 많이 익힌 현명한 자만 살아남는 것도 아니다.

무엇보다 중요한 것은 변화에 적응하고 변화하는 자만이 오래 살아남게 되고 잘 살게 되는 것이다. 아기가 세상에 나올 때 산모의 고통에 대해 많이 말한다. 아기 또한 많은 고통을 겪으며 세상에 나온다는 사실을 말하지 않는다. 말을 못하고 표현하지 못한다고 해서 없는 것은 분명 아님에도 우리는 아기의 고통을 잊은 채 지나가 버린다.

아기의 몸 중에서 제일 큰 곳이 머리다. 거의 3분의 2를 차지하는 것이 머리이기 때문에 그 머리로 좁은 산도를 지나올 때면 머리의 형태가 조금씩 변하면서 좁은 산도를 통해서 세상에 나오게 되는 것이다. 아기와 산모 중 누구의 고통이 더 크냐고 물어본다면 할 말은 없다. 그러나 분명한 것은 아기의 머리의 형태가 산도를 통과 할 때 변하지 않으면 아기와 산모 모두가 위험하고 아기가 태어날 수가 없다. 갓 태어난 아기도 태어나기 전 변화를 겪으며 태어나는데 세상을 살아가는 우리는 더 많은 변화가 있어야 살아갈 수가 있다. 아기가 콧구멍과 입으로 첫 호흡을 하면서 먼저 배운 것이 있다면 그것은 변화인 것이다. 그래야만 태어날 수 있음을 아기는 먼저 알고 변화하는 것이다.

삶에서 변화는 뗄 수 없는 관계인 것이다. 일을 시작하고 20여 년의 시간이 흘렀다. 그 동안에 많은 변화가 있었다. 자의든 타의든 분명한 것은 변하고 있다는 사실이다. 변하지 않게 된다면 어떻게 될까? 물론 변화가 다 좋은 것만은 아니지만 시대에 뒤 떨어지게 되고 성공하고 싶어 하는 사업가들에게는 변화에 빨리 빨리 적응하면서 부터 성공하느냐 실패하느냐가 정해지는 것이다.

처음 녹즙을 시작할 때에만 해도 정말 힘들었다. 녹즙에 대한 인식이 지금과 같지 않았고 컴퓨터도 지금처럼 발달되어 있지 않다보니 배달 명단도 우리가 직접 만들어야 했고 고객의 음용 상황도 매일 수첩에 적어서 한 달이 되면 청구서에 먹은 날과 안 먹는 날을 표기해서 고객에게 주고 매번 현금으로 수금을 하다 보니 여러 가지로 힘든 일이 많았다. 교육도 인터넷으로 하는 것이 아니라 매번 공개 교육만 하다 보니 시간을 내고 이동해야 하니 불편한 점이 많았다.

녹즙에도 변화가 시작되었다. 고객의 명단도 컴퓨터로 입력하고 음용 상황도 입력만 해 놓으면 말일이 되면 자동으로 청구서가 나왔고 수금도 자동이체와 카드로 수금하고 인터넷 뱅킹으로 이체하다 보니 첨단화의 바람이 녹즙 계에도 불어온 것이다. 제품 교육도 인터넷 강의를 듣는 것과 같이 핸드폰으로 들을 수도 있고 필요한 자료를 출력할 수도 있다.

　그런데 사람은 어떤가? 사람에게도 변화가 일어나야 하는데 사람들은 변화하는 것을 두려워하다 보니 첨단화의 바람처럼 빠르게 변화하지 않고 계속 지금 하던 대로 하고 싶어 하는 직원들과 지사장들이 있다. 더 발전하고 더 빨리 성공하려면 발전하는 것에 적응하고 발 맞춰 나가지 않으면 나만 늦어지게 되고 마는 것이다. 실력 있는 사람들은 더 많은 것들을 공부해야 하고 적용해야만 하고 실력이 없는 사람 또한 잘 하는 사람들이 어떻게 하는지를 배우고 그들을 따라 가려고 하는 의지가 있어야 발전할 수 있다.

　녹즙을 하면서 내가 책을 쓴다고 했을 때 많은 사람들이 말렸다. "그렇게 까지 해야 해? 그냥 대충하지?" 라고 하면서 "피곤한데 일을 줄여." 물론 나를 위해서 하는 이야기인 줄 잘 알고 있다. 그러나 주부이고 나이가 있다 보니 새로운 시도를 하자니 어려움이 많다. 일도 피곤하니 좀 즐기면서 하고 싶다는 생각 나 또한 하게 되는 것이다. 그러다 보면 더 늦어지고 빠르게 지나가는 시간을 따라 잡기는커녕 주저앉고 말게 되는 것이다. 그것이 무서웠다. 싫었다는 표현으로는 좀 부족함이 있었고 빠르게 변화하는 시대를 따라 나도 변해야하고 새로운 시도는 나에게 인공호흡과 같았다. 그 인공호흡으로 나는 살아나게 되고 활력을 얻는 것이다. 겨우내 죽은 것 같은 나무들이 서로 경쟁이나 하듯이 싹을 띄우고 있다. 뿌리에서부터 모든 에너지를 모아 싹으로 보내고 그 에너지를 힘입어 싹을 띄우고 잎이 나고 그 계절에 맞게 열매를 맺고 잎을 또 떨어뜨리고 죽은 나무처럼 하고 겨울을 나는 것이다.

　글쓰기가 어려웠다. 그렇다고 내 인생이 뭐 특별할 것은 없었다. 암을 앓고 그것을 견디고 지금처럼 왕성하게 활동하는 것이 그리 특별하지는 않지만 나에게 만은 특별하고 새로운 도전이고 새로운 삶이기에 오늘도 또 내일도 일을 하고 글을 쓰고 배우러 가는 것이다. 뭔가를 배우러 간다는 자체가 쉽지 않았다. 나이 50이 넘어서 배우러 간다는 것이 사람들은 이해하지 못하고 별나다는 이야기를 할 때가 많았다. 별나다? 그렇다 나는 별난 사람이다 왜냐하면 실력으로 승부하려 했기 때문에 더 많은 것을 실력으로 기르지 않으면 안 되었다. 실력이 비슷비슷 하다면 어떻게 경쟁에서 이길 수 있겠는가? 빠르게 변화하는 세상을 어떻게 따라 가겠는가? 나는 내 삶에 있어서 1분 1초가 아깝게 흐르고 있다. 암을 이기고 새 생명을 얻은 나에게 시간이란 덤이고 축복의 시간이다. 항상 덤으로 얻은 시간, 축복의 시간이라고 생각했기에 그 시간에 충실하고 싶었고 누구보다도 실력으로 승부하기 위해 열심히 노력할 수밖에 없었다.

나는 고졸이다. 고졸인 내가 사람들 앞에서 교육을 하고 세미나를 열고 강연을 한다. 그것이 내가 다른 사람보다 특별함이 없다면 누가 나에게 배울 것이며 누가 내 앞으로 모이겠는가? 가정형편이 어려웠던 나는 대학교를 가지 못했다. 졸업과 동시에 일터로 나와서 돈을 벌어야 했기에 친구들이 가는 대학을 가보겠다는 생각조차 어려웠다.

나에게는 대학이 사치였고 넘볼 수 없는 장벽이었다. 대학시험을 보러 가는 날에도 엄마는 나에게 "한 번 시험 쳐 보고 안 되면 그냥 재수도 하지 마라." 했다. 대학 등록금을 만들기 조차 힘이 들었고 여자이기 때문에 시집만 잘 가면 된다는 생각을 했던 것 같다. 또 전공으로 하고 싶었던 것이 체육 교육이었기 때문에 여자가 체육과를 나와서 무엇에 쓰겠냐는 것이다. 형편을 알기에 인하대학 체육 교육학과를 지원해서 시험을 보고 불합격 되었을 때 나는 포기하고 말았다. "그래, 내가 무슨 대학이야?" 라고 생각했기 때문이다. 이제 50이 넘어 공부를 하고 있는 나를 보고 엄마는 "그때 형편이 어려워도 너를 대학에 보냈어야 했는데."라고 아쉬워했던 것은 나보다 내 엄마가 더 컸던 것 같다.

그리고 뒤늦은 공부를 하고 있는 딸을 보면서 안타까워한다. 그런데 내 동생에 반응은 달랐다. 하나뿐인 내 남동생은 "우리 누나, 대단해. 멋있어." 하면서 힘을 실어준다. 그리고 내 생각 실력으로 승부해야 한다는 말에 찬성을 하고 "누나, 내가 뭐 도와 줄 것은 없어?" 그래서인지 조카들도 고모의 행동에 박수를 보내며 내 블로그나 카페에 들어와 댓글을 남기기도 한다. 중학생. 고등학생인 조카들의 응원은 나를 우쭐하게 했고 힘들고 지칠 때 나의 비타민이 되어주었다.

토요일이 되면 나는 여지없이 공부를 하러 가기위해 책가방을 싼다. 그 가방 속에 필통도 챙기고 노트북도 챙기고 여러 가지 책도 챙긴다. 그리고 내 딸 아이와 비슷한 나이또래의 사람들과 섞여서 공부한다. 누구보다 열심히 하지 않으면 젊은 머리를 따라갈 수가 없었다. 때 늦은 공부로 내가 얻고 싶었던 것은 실력을 쌓아가는 것이다. 실력이 있어야 젊은 패기로 올라오는 그들보다 앞설수 있기 때문에 실력을 쌓아야만 했다. 어떻게 말하면 사람들의 마음을 사로잡을까? 어떤 몸동작을 하면 나에게 집중할까? 어떤 말투로 말하면 전문 강사나 전문가로 보여질까? 또 건강에 대한 지식을 많이 쌓아야만 고객들의 만족도를 높일 수 있을 텐데. 여러 가지 생각들로 머리가 복잡해질수록 책을 읽고 동영상을 보고 연구해야 했다. 남들은 젊고 또 공부도 많이 하고 그들을 앞서 가려면 더 많은 노력과 열정과 실천력이 있어야 했다. 나는 지금도 배우고 또 실천하려고 한다. 좌절하지 않기 위해 여러 가지 노력과 시간투자를 아끼지 않는다. 그리고 세상을 향해 외쳐본다. 실력이 없다고 좌절만 할 것인가? 일어나서 찾아라. 찾으면 길이 열릴 것이고 그 길로 인해 실력이 쌓아질 것이고 그로 인해 인정을 받게 되는 것이다. 실력을 쌓아가라. 그것이 당신에게 있어 당신을 단련하고 성공하는 방법이다. 배워라. 내 안에 채워지지 않으면 언젠가 바닥을 보일 것이고 그 바닥난 것으로 인해 또 좌절하게 될 것이기 때문에 끝임 없이 배우고 또 배워 실력을 키워라.

제5장
성공을 위해 꼭 필요한 필수품

여행을 가는데에도 여러 가지 준비가 필요하다. 가방에 여러 가지 세면도구와 화장품 그리고 여벌의 옷, 여러 가지 상비약 등 여러 가지가 필요하다. 그중에 해외로 간다면 비자가 꼭 필요할 것이다. 이런 준비를 하지 않고 여행을 가기도 어렵지만 어찌하여 출발하였다고 해도 불편한 것이 한두 가지가 아닐 것이다.

성공을 위해 가는 동안에도 여러 가지 알아야 하고 준비해야하는 것들이 있는데 그중에 나는 이런 것들이 필요하다고 생각한다. 있어도 그만인 것이 아니라 필수로 필요한 것이다. 조금 더 편하고 안전한 여행을 위해 준비하듯이 성공을 위해 여러 가지를 준비해야 할 것이다.

작은 소리에도 귀를 기울여라

세상의 많은 소리들이 있다. 그중에 아이들의 사랑스러운 소리를 가장 좋아한다. 비가 오는 날 천막에 떨어지는 빗방울의 소리를 들을 때면 평안해진다. 똑똑똑 떨어지는 빗소리에 귀를 기울이며 내 호흡을 맞춰본다. 눈을 감고 그 소리를 음미하면서 맛있는 음식을 먹듯 조금씩, 조금씩 그 소리를 씹어 먹는다.

어릴 적 스트레이트 지붕에 떨어지는 소리를 따뜻한 아랫목에 누워 들으며 놀던 때가 생각이 났다. 얼마나 평안했는지 얼마나 행복했는지를 더듬듯이. 사람들은 누구나 말하는 것을 좋아한다. 말수가 적은 사람도 자신이 말할 때 더 많은 집중력을 발휘한다. 그래서 들어주는 직업이 생겨난 듯하다. 빗소리를 들으며 평안을 느꼈던 것처럼 남의 이야기를 들어줄 수만 있다면 생각지도 않은 놀라운 일들을 경험할 수 있다. 현장에서 고객과의 만남에서도 내가 말할 때보다 고객 스스로가 말할 때 더 집중하게 되고 또 계약이 성사가 많이 된다는 사실을 알면서도 오늘 또 내가 먼저 말하고 이야기를 끌어나가게 되는 것이다. 그것이 영업의 기본이라고 생각했고 그렇게 배웠다. 이야기를 들어주는 즉, 경청하는 태도가 매우 아주 매우 중요하다. 그것도 신분이 바뀌지면 더욱 그렇다. 직원들의 이야기를 들어주는 자리가 되어야하기 때문에 말을 줄여야 하고 경청의 태도로 바뀌 나가야 하는 것이다. 신분 즉 조직 속에 리더 자리로 바뀌었다면 바뀌진 만큼 변화 하지 않으면 분노를 야기하게 되고 분열이 일어나기가 쉽다. 또한 분노의 상황 속에서 더욱 상대의 이야기가 들리지 않게 되고 더욱 말을 많이 하게 되는 것이다. 그렇게 되면서 부터는 말을 많이 하게 되고 많은 말 때문에 다른 사람의 이야기가 들을 기회를 잃게 되는 것이다. 사람들은 잘난 체 하기를 좋아하고 자기주장을 내세우고 완고해 지기시작하면 그 조직은 어떻게 되겠는가? 귀가 둘이고 입이 하나인 까닭은 무엇일까? 아마도 많이 들어주라고 귀가 둘 있는 것은 아닐까?

나를 뒤돌아보면 정말 말이 많았다. 지금도 말을 들어주기 보다는 말하기를 좋아하고 말을 많이 한다. 내가 리더 자리에 있고 보니 더욱 그러했다. 직원들과의 소통이 그들의 이야기에 귀를 기울일 때 생겨난다는 것은 여러 번의 시행착오를 겪고 나서 알게 된 사실이다. 처음 직원들이 입사를 하게 되면 서먹서먹해서 자신의 이야기를 하지 않고 들으려고 하고 이야기 속에 참여하기보다는 상대의 이야기에 귀를 기울이며 상황을 파악하려고 애를 쓴다. 그러다가 어느 순간 이야기에 참여하게 되는 것이다. 더구나 실적이 좋고 앞서 나가게 되면 이야기의 주도권을 쥐려고 노력하고 있는 자신을 발견하게 된다.

작은 개척교회를 나갔을 때의 일이다. 출석한 지 얼마 되지 않아 작은 인원들이 모여 있다 보니 젊은 나이에 속한 나로서는 교회의 많은 일들에 참여 하게 되었고 참여하다보니 어느새 내 주장을 내세우게 되었고 되다 보니 분노하고 짜증을 내고 불만스러워질 때가 많았다. 수련회를 앞두고 있었던 일이다. 개척교회였기에 교인들 모두를 데리고 수련회를 가는 데에는 여러 번의 회의가 필요했다. 회의를 하다보면 의견 일치가 되지 않을 때가 많다보니 어느 정도의 의견이 일치가 되면 수련회 준비를 하게 된다. 그 과정에서 완전한 일치가 되지 않은 상태에서 준비를 해야 할 때 많은 일을 맡은 나로서는 내 주장을 내세울 때가 많았다. 그러다 보니 실수하게 될 때가 많았고 나도 모르게 상대에게 상처를 줄 때도 많았다. 그때 내가 겸손하게 다른 사람들의 이야기를 더 많이 듣고 경청했다면 다른 사람에게 상처를 주거나 실수를 줄일 수 있었을 테데 내가 맡아서 해야 하니 이것을 통과시켜 달라고 조르기까지 했고 그 과정에서 많은 사람에게 상처를 주게 되었다. 그것이 내가 잘나서 통과된 것으로 착각하게 되고 교만하게 되어 더욱 다른 사람들의 이야기를 듣지 못하는 결과를 낳게 되었다. 그때를 생각하면 아찔한 현기증을 느낀다. 내가 왜 그랬을까? 지금 생각해 보면 목사님의 인내심은 대단했던 듯하다. 세상 모르고 날 뛰며 돌아다녔던 나를 용기를 주고 힘을 주고 다시 일어서게 하는데 에는 정말로 많은 시간이 지나야 했다.

나에게 가장 큰 약점은 내가 둘째부인, 옛날 말로 하자면 첩의 자식이라는 사실이었고 그것 때문에 늘 자신이 없었다. 더구나 사람들 앞에 선다는 것은 상상을 할 수가 없었다. 그런 나에게 용기를 주시고 힘을 주었던 분은 목사님이었다. 그분이 나에게 해 주었던 말은 "부모를 선택해서 태어나지 못한다. 그것은 그분들의 선택이었고 내 죄가 아니다."는 말을 여러 번 반복해 주었고 그것이 나에게는 큰 힘이 되었다. 그러면서 나를 사람들 앞에 설 기회를 주었다. 그 목사님은 그것이 나에게 숨겨진 재능이고 달란트인데 발견하지 못했고 성장하도록 돕지 못했을 뿐이라고 나를 위로했고 겸손과 사랑으로 나를 성장하도록 도와주었다.

활발하고 명랑한 것처럼 보였지만 나는 나를 감추는 명수였다. 마치 주위 환경에 맞춰 보호색이 변하는 카멜레온과 같은 사람이 나였던 것 같다. 어려서부터 가정을 도와야 한다는 아니, 부모님을 도와야 한다는 책임의식이 강했던 나는 나를 드러내기 보다는 나의 감정을 감추고 강한 척 해야만 살아남을 수 있었다. 나의 첫 경쟁 상대들은 아버지가 백화점에서 장사할 때 같이 일했던 수많은 사장님들이었다. 자본금이 적은 사람들이 백화점에서 장사를 하려면 높은 임대료를 내야만 가능했다. 그것을 수익금의 일부를 떼어주는 수수료 매장이다. 하루에 100만 원의 판매가 이루어지면 이익금이 아니라 판매금액의 15%를 임대료로 내야만 했다. 100만 원에 대한 임대료는 15만 원 이것이 30일 내내 근무를 해야 했으니 한 달 임대료가 450만 원 정도 되었던 것이다. 이것의 불합리는 여기에서 그치지 않았다.

각 수수료 매장의 사장님들을 경쟁을 시킴으로써 제일 하위 매출을 한 사람은 나가라고 했다. 늘 쫓겨날까 두려워 서로 눈치를 보며 매출을 보고해야 했고 너무나 많은 매출이 보고되면 임대료를 많이 내야하니 여러 가지 문제들이 많았다. 아버지가 암으로 병원에 있었고 생활비와 동생의 학비 그리고 병원비를 벌어야 했던 나는 늘 그것이 고민이었다. 어떻게 하면 쫓겨나지 않고 돈을 벌 수 있을까?

450만 원 정도의 임대료는 30년이 넘은 지금도 엄청 비싼 금액이다. 자본금이 적고 길거리에서 노점을 하기는 어렵고 하다 보니 그 길을 선택하게 된 것이다. 물건을 하러 남대문을 가면 너무 어린티를 내게 되면 나에게 비싸게 줄까 생각하고 나이가 들어보이게 행동을 하고 반말을 하면서 강한 척을 해야 했고 처음 가는 가게는 되도록 이면 행동을 더 조심했고 가능하면 늘 같은 가게에 가서 물건을 구매해야 했다.

고등학교를 졸업하고 억척스럽게 돈을 벌어야 했으니 어린티를 낼 수도 없었고 고등학교만 졸업했다는 것을 티나게 행동할 수가 없었다. 내가 판매하는 물건의 우수성을 사람들에게 어필해야만 했고 그속에서 물건을 판매해야 했기 때문에 나는 상대의 이야기를 듣기 보다는 내 이야기를 늘어놓기에 바빴고 설명하기에 바빴다. 그들을 설득해야 한다고 생각했기 때문이다. 어린 내가 수입품 그릇을 설명을 해야 얼마나 잘했겠는가. 어린 나로서는 주도권을 빼앗기면 조금이라도 물건을 비싸게 사게 될까봐 강박관념에 사로잡혀 이야기를 늘어놓았다. 그러다 보면 내 이야기를 듣던 사람들이 어느 순간 집중력이 흐려지고 딴짓을 하고 내게 또 다른 질문을 한다. 그러면 그 질문에 대해 또 다시 주저리주저리 떠든다. 많은 시간이 흐른 뒤에야 사람들은 자신이 말할 때 가장 집중력이 좋다는 사실을 깨달을 수 있었다. 그때부터 나를 변화하도록 신경을 쓰기 시작했다. 어떻게 하면 그 사람들이 이야기 할 수 있도록 할까?

내가 질문을 함으로써 상대는 답을 하고 또 다른 질문으로 상대의 말을 들을 수 있었다. 상대의 이야기를 듣는 데에는 많은 인내가 필요했다. 그리고 많이 힘이 든다는 사실을 상대의 이야기를 들으면서 깨닫게 되었는데 질문이라는 것이 생각 보다 하기가 쉽지 않았다. 내가 아는 것을 설명하기 쉬웠고 자꾸만 설명하고 싶어 하는 나 자신을 발견하게 되었다. 그것은 질문이 습관화되지 못했기 때문이다. 질문을 습관화는 데는 많은 시간이 필요했다. 그렇게 연습하고 배웠는데도 어느 순간 보면 또 설명하고 설득하려고 하는 나 자신을 발견하게 된다. 그러면서 드는 생각은 사람들은 설득당하면 유쾌할까? 나만 보아도 누군가에게 필요해서 설득 당했다 하더라도 뒤에 찾아오는 유쾌하지 않은 기분을 느끼게 되면서 아! 나뿐 아니라 많은 사람들은 나와 같은 생각을 하겠구나! 말을 들어주기보다는 말하기를 정말 좋아하는 구나. 친구들 중에 유난히 이야기를 잘 들어주는 친구들이 있다. 그 친구를 잘 살펴보면 이야기를 잘 들어주고 그 이야기 속에서 질문거리를 찾아내고 그 답 속에서 말하는 사람의 의도를 충분히 파악하는 것을 발견하게 되었고 생각을 재빠르게 정리하다 보니 정말 좋은 이야기를 잘해주었고 그 친구의 행동 속에서도 생각을 많이 하다 보니 실수가 적음을 알 수 있었다.

스피드가 생명이라고 생각했고 빠르게 움직여야 한다는 생각을 하게 되면서 나 스스로에게도 빨리빨리 아이들에게도 빨리 빨리 많이 외쳐 대다보니 잦은 실수를 범할 때가 많았다. 그것이 빨리 빨리의 맹점이고 생각을 못하게 되는 것이기도 했다. 분명한 것은 내 이야기를 하기 보다는 상대의 이야기를 들어주어야 한다는 사실이고 그것도 많이 들어주어야 한다는 것이다. 여기에서도 주의 사항이 있다. 이야기를 들어주다보면 어느새 본질에서 벗어나 삼천포로 빠진다는 말이 있지 않은가. 그러다 보니 여러 가지 질문을 통해 이야기의 본질에서 벗어나지 않게 하는 것도 기술이라고 할 수 있다. 이야기를 들어줘라. 그것도 많이 들어주어라. 그리고 이야기의 본질에서 벗어나지 않도록 질문으로 유도해야 내가 얻고자 하는 것을 상대 스스로 말하게 되면서 내가 얻고자 하는 것을 자연스럽게 얻을 수 있는 것이다.

한 살이라도 젊을 때 도전하라

어떤 사람이 이런 질문을 한다. 정년이 지난 후 정년까지 열심히 일한 후에 시간, 나이 60이 가까이 되었을 때 열정을 다해 주어진 일에 충실하고 나면 그후에 어떻게 할 것인가에 대한 질문이었다.

생각해 보니 그때 무엇인가 새로이 시작한다는 것은 굉장히 심적 부담이 크다. 남들보다 늦은 시간인데다 만약의 경우 실패했다면 더 큰 좌절이 다가올 것이 때문이고 일어설 힘이 없다는 것이 문제다. 그래서 한 살이라도 젊었을 도전하고 실패도 그때 맛 보아야 경험이라는 결과물과 일어설 힘도 있는 것이 아닌가? 창업을 하는데 있어서 나이는 사실 상관은 없다. 하지만 창업을 시작해서 성공하기 위해서는 누구에게나 시간이 필요하다. 그렇기 때문에 한 살이라도 젊었을 때에 창업의 길로 들어서야 성공할 확률도 높아지는 것이다. 명확한 목표의식과 꿈 그리고 파이팅을 바탕으로 제대로 된 아이템을 만나고 그것을 만들어가려고 한다면 머뭇거릴 이유가 없는 것이다. 하루에 열 시간씩 1주일에 5일을 일하며 받는 월급을 쪼개서 저금을 하고 좋은 상품을 만나 펀드에 투자하는 성실한 삶은 오히려 천천히 부자가 되는 지름길일 수는 있다. 문제는 시간과의 싸움인 것이다. 안 먹고, 안 쓰고 해서 한 달에 100만 원씩 저금을 했다고 해 보자. 100만 원을 12개월로 곱하면 1,200만 원 그것을 십년을 저금했다고 하자 물론 써야할 이유가 생겨도 옆으로 눈을 돌리지 않고 저금했다고 해도 1억 2천 만 원이다. 그것이 40세에 결혼해서 그때부터 독하게 모아도 50에 1억 2천 만 원인 것이다. 1억 2천 만 원을 가지고 창업을 해야겠다고 마음을 먹는다면 그 돈으로 무엇을 할 수 있을까? 변두리라면 가게는 하나 얻을 수 있는 돈일 것이다. 하지만 그 돈으로 가게만 얻는다고 사업을 곧바로 시작할 수 있는가? 인테리어도 해야 하고 물건을 사는 기본적인 것을 하는데도 돈이 들 것이다.

10평 기준의 프랜차이즈 분식점 창업을 한다고 가정해 보자. 가게와 월세는 빼놓고 생각을 해 보자 가입비 300만 원, 교육비 150만 원, 인테리어 평당 170만 원. 냉장고와 주방기기 준비의 최소비용으로 1,000만 원, 간판 320만 원. 가구 200만 원. 홍보 전단지 알바비용 150만 원 카드단말기와 전화기 알바 비 주방직원이 빠져 있음에도 약 335,200만 원을 말한다. 이것은 인터넷에 나와 있는 대략적 근거이다. 이것이 모두가 그렇다는 것은 아니기에 참고해주길 바란다. 그랬을 때 일 평균 80만 원을 벌고 월 평균 2,400만 원이라고 가정하면 순수익이 810만 원이라고 한다. 그것도 임대료가 180만 원이라고 한정을 지었을 때의 일이다.

요즘 연남동 1층의 가게가 아닌 사무실을 임대하려고 해도 월세가 보통 200에서 300정도라고 한다. 정말 투자하고 일주일 내내 아침부터 밤늦게까지 일하고 버는 돈이 정말 형편이 없다. 그것도 젊어서 시작했다는 젊음이라는 재산이 있어서 열심히 일하고 인건비를 줄인다면 더 많은 돈을 벌 수도 있을 것이다. 인생은 짧다. 길어야 100년도 채 되지 못하게 산다. 거기다 학교에서 공부하는 시간 15년을 보내고 학교를 나와서는 남들이 좋다고 하는 회사에 취직을 하는데 20대에는 직장에서 자리 잡고 술 한 잔 하면서 회사 생활에 적응하느라 정신없이 시간을 보낸다. 30대에는 결혼을 하고 내 집 마련과 결혼 때문에 다른데 눈길 한 번 돌리지 못하고 시간을 보내고 만다. 그러다가 불혹이라고 하는 40대를 맞으면 아이들이 커버리게 되어 그 아이들에게 기하급수적으로 들어가는 돈 때문에 저축은 꿈같은 일이고 부모님으로부터 받은 재산이 있다면 상황이 좀 좋을 수는 있겠지만 대부분의 사람들은 그 달 그 달 살기에 바쁠 수밖에 없다. 나만 보아도 그렇다 저축은 남의 일이었고 카드 빚이 없는 것으로 감사하며 그 달 그 달을 그야말로 연명을 하며 지내기가 일쑤다. 그러다 50이라는 나이를 맞고야 말았다. 아무것도 준비해 놓은 것 없이 50이 되고 보니 내게 남는 것은 허무와 우울밖에 없는 것이었다. 그러다 보니 주변에 우울증을 겪고 있는 사람이 너무나 많이 있다. 그러면서 하는 이야기가 이 나이에 뭔가를 시작하기에는 너무나 시간이 없고 힘이 없고 여력이 없고 겁이 난다는 이야기를 많이 듣게 된다.

이제 내가 주도하는 진짜 부자의 삶을 살아봐야 하는 것은 아닐까? 조금만 더 조금만 더 하다가는 흐르는 시간을 잡지 못한 채 흘려보내야 하는 것은 아닐까 하는 두려움은 누구나 겪는 마음인 것이다. 손바닥으로 물을 담아 보면 분명 받을 때에는 손에 가득히 물이 담겨 있었는데 손가락 사이 사이로 빠져가는 물을 어떻게 하지 못하고 어느새 물의 흔적만이 손바닥에 남는 것이 인생의 시간이 아닐까 한다. 그렇다면 자신의 경험을 상품으로 만들어 보면 어떨까? 경험과 지식을 나누며 세상을 위해 가치를 창출하고 부을 만들어내는 부자로써의 삶을 살아보자. 우리에게는 꿈이 있고 뛰어다닐 두 다리와 나를 팔 목소리가 있다면 조금이라도 젊을 때 인생을 즐길 수 있을 때 부자가 되어야 하는 이유인 것이다. 손가락 사이로 빠져버린 시간을 안타까워하며 지낼 것인가? 아니면 그 물을 담을 그릇을 준비할 것인가? 또 그것을 언제 준비할 것인가를 선택해야 할 시간이 눈 앞으로 다가와 있는 것이다.

선택! 이것이 길이다. 그것에 대한 책임도 내가져야 하는 것이지만 선택하지 않은 것도 내게 주어진 길이다. 그 선택을 언제 하느냐는 온전한 나의 몫인 것이다. 주변의 많은 사람들이 자신의 꿈을 잊은 채 당장 앞에 닥친 일만 처리하기에 급급하다. 표정이 없고 생동감이 없이 지친 얼굴로 하루를 보내고 있다. 어릴 적 꿈을 잊고 젊은 시절의 꿈을 접어놓고 내 앞에 있는 일, 내 앞에 벌어진 상황들만 바라보고 꿈을 꾸고 목표를 향해가질 못하고 무의미하게 시간을 허비한다. 안타까운 현실이다. 분명한 것은 시간이 지나면 후회할 것이기 때문에. 그때 내가 왜 그랬을까? 좀 더 열심히 했더라면. 아, 그 기회를 놓쳐 버렸구나 하면서 후회해 버릴 것이기 때문에 안타깝다. 내가 지금 글을 쓰고 내 사업을 이야기하고 지난날을 부끄러운 줄 모르고 세상에 내 놓는 것은 이 글을 읽고 자기의 꿈을 갖고 그 꿈을 위한 방향을 알려주고 방법을 제시해 주고 싶기 때문이다. 그것이 그들이 즐겁게 일을 하며 부을 창출할 수 있도록 돕는 것이 인생을 살아오고 경험한 선배로서의 역할이라고 믿었다.

세상에 공짜는 없다. 가만히 있으면 돈이 들어오지 않는다. 돈이 들어오는 창업을 하고 시스템을 만들고 이런 길이 있다는 이야기를 하고 싶은 것이다. 돈이 들어오는 물꼬를 터야 물이 들어 올 수 있고 물이 들어와 고일 수 있어야 그 물로 무엇인가를 할 수 있는 것이다. 그러기 위해 우리는 머리를 싸매고 고민해야 하는 것이다 주변의 아주 작은 것에 귀를 기울여 보자. 아주 작은 것 하나라도 사람들이 원하고 불편해 하고 고민하는 것이 있다면 그게 바로 사업거리다. 그것이 내게 잘 맞고 내가 잘 할 수 있는 일이라면 정말 금상첨화일 것이다 지금 미래를 준비하자 미래의 시간을 사서 지금 당장 부자가 되기 위해 일어서자.

부자가 되는 길,
기왕이면 고속도로를 타라

돈을 아끼고 저축하고 재테크하는 것은 정말 중요한 일이다. 하지만 그것보다 더 많이 번다면 저축에 연연해 할 필요는 없다. 억대 수입이 있다면 저축하고 아끼지 않아도 된다. 지금 당장 주변의 사람들을 둘러보자. 그 다섯 사람들은 긍정적인가? 아니면 부정적인가? 많은 사람을 볼 필요는 없다. 내 주변의 5명을 보자. 그리고 내 주변의 5명의 평균 수입이 여러분의 수입이다. 이 이야기를 듣고 계산해 보니 정말 그랬다. 그것이 궁금하다면 계산기를 가져다가 계산해 보면 금방 알 수 있을 것이다. 내 수입을 올리고 싶다면 가장 먼저 해야 할 일을 만나는 사람부터 바꾸면 되는 일이다. 부자가 되고 싶다면 부자를 만나야 하는 것이다. 낚시를 하고 싶으면 낚시터나 강이나 바다를 가서 낚시대를 드리우는 일과 같은 이치다.

땅 부자가 되고 싶은 한 사람이 있다. 어떻게 하면 그도 땅 부자가 될 수 있을까? 주변의 땅 부자인 사람들과 만나고 교제를 하면 생각보다 쉽게 땅 부자가 될 수 있다. 이 말에 누군가는 웃을 수 있고 정말 그럴까 생각하는 사람들이 있을 것이다. 그러나 생각해 보자. 초등학생을 둔 부모는 자주 만나는 집단이 그 초등학생 부모일 것이다. 그렇기에 거기에 맞는 말을 하는 것이다. 어떻게 하면 공부를 잘하게 할까? 어떤 선생님을 만나면 좋을까? 어떤 학원이 좋을까를 들으며 그대로 하려고 한다. 땅 부자들의 모임에 가 보면 온통 땅 이야기뿐이다. 어디가 가격이 오를 것이고 어디가 가치가 있고 어떻게 살 수 있고 온통 이런 종류의 이야기일 뿐인 것이다. 그들이 땅을 어떻게 투자하고 어떻게 그 땅을 보느냐? 어떤 시기에 땅을 구입하느냐 이런 것들이 그들의 관심사이고 중요한 정보인 것이다. 성공을 하고 싶고 부자가 되고 싶다면 부자들을 주변에 많이 두면 되는 것이다. 부자들의 이야기 속에서 나의 길을 찾고 부자가 걸은 길의 요점을 배우고 부자들의 마인드를 배운다면 나도 모르게 자연스레 부자가 되는 길로 접어드는 것이다. 사람에게는 모두 배울 점이 있다. 나보다 못한 사람일 지라도 배울 것이 분명히 있다. 내가 몸담고 있는 곳이 최고의 기업이고 상대방은 거래처 사장이라는 작은 명함을 가지고 있다고 해도 회사를 나왔을 때는 거래처 사장보다 못할 수도 있다. 회사라는 겉껍질 속에 담겨져 있는 내면을 놓치지 말아야 한다.

부자가 되고 싶다면 겉껍질의 화려함 보다는 그 속에 내면을 볼 수 있는 안목이 있어야 하고 내면에 귀를 기울일 줄 알아야 한다. 부자들에게는 부자가 되기 위해서 부자처럼 생각하고 부자처럼 행동해야 한다. 진정한 부자는 단순히 돈을 많이 벌어서 되는 것이 아니다. 일반인과 다른 생각과 행동을 하기 때문에 부자가 된 것이다. 자동차 세일즈 하는 사람의 일화를 들은 적이 있다. 그는 레이를 팔아야 할 상황에는 레이를 타고 가고 벤츠를 팔아야 하는 상황에는 벤츠를 타고 갔다고 한다. 그 겉모습이 뭐가 중요하냐고 묻는다면 이렇게 이야기 하고 싶다. 그 격에 맞는 상황이 팔 수 있는 상황을 만드는 것이고 그 필요를 유발할 수 있는 것이기 때문이다. 생각해 보자. 내가 벤츠를 사고 싶다면 레이를 타고 온 사람에게 사고 싶을까? 아니면 내가 사고 싶은 벤츠를 타고 온 사람에게 차를 사고 싶을까? 대부분의 사람들은 내가 사고 싶어 하는 차를 타고 온 경험 있는 사람에게 차를 구입하고 싶을 것이기 때문이다. 많은 부자들은 자신의 수입의 5%를 투자해서 필요한 것을 산다. 그러나 가난한 사람들은 자신의 수입의 50%를 투자해서 갖고 싶은 것을 가진다. 갖고 싶은 것과 필요한 것의 차이는 무엇일까? 군이 보이기 위해 좋은 차를 사고 좋은 집으로 자신을 포장하고 자랑하려고 하지 않는다. 허름한 옷을 입고 있어도 그것만으로도 그들은 진정한 부자이기에 좀 더 빛나게 보이려고 애쓰지 않는다. 자신의 길을 묵묵히 가는 자신이야말로 빛이 나는 것이다.

얼마 전 지나다가 너무나 예쁜 블라우스를 샀다. 그 옷이 어찌나 화려했던지 나를 돋보이게 하기 보다는 화려한 블라우스에 내가 가려져 버렸고 블라우스만 보였다. 옷을 잘 입고 공부하는 지인으로부터 그 블라우스를 반품할 것을 권유 받았다. 그 분의 이야기로는 옷이 돋보이고 싶으세요? 아니면 자신을 돋보이고 싶으세요? 라는 질문을 받게 되었고 결국은 그 블라우스를 반품하고 단조로우나 나를 돋보일 수 있는 옷으로 바꿔서 구입했다. 진정한 부자는 자신이 드러내지 않아도 된다. 그러나 부자인 것처럼 행동하는 사람은 진정한 부자가 아니기에 겉치레가 중요한 것이다.

지금 내 앞에 여러 가지의 길이 있다. 목표로 가는 길 중에 고속도로가 있고 국도가 있다면 어느 길을 선택하는 것이 좋을까? 그것이 부자라는 목적지라면? 그래도 국도로 돌아 돌아서 갈 것인가? 아니면 고속도로로 곧장 갈 것인가?

과연 내가 부자라는 목적지를 향해 고속도로를 탈 수 있을까? 질문해 오는 사람들을 종종 본다. 그 질문에 나는 이렇게 이야기한다. 당신은 하나입니까? 또 있습니까? 그렇다. 이 지구상에 나는 유일무의 하고 특별한 사람이다. 나와 당신신과 같은 사람은 지금껏 존재한 일이 없고 앞으로도 없을 것이다. 아니, 없다. 그렇다면 우리는 유일무의 한 소중한 존재가 맞는 것이다. 명품을 좋아하는 사람들은 무척이나 많다 왜 명품일까? 물론 유명한 디자이너가 만들었다는 것도 있겠지만, 한정된 수량을 만들의 그 가치를 높여 놨기 때문은 아닐까? 그래서 한정수량이라는 것에 사람들이 열광하는 것은 아닐까. 그렇다. 그 희소성의 가치에 열광하는 것이고 그것을 함부로 다루는 사람은 없을 것이다. 그 명품을 들고 나갔다왔다면 그 명품을 손질하고 가장 좋은 자리에 그것을 놓을 것이다. 그 존재가 바로 당신이다 유일무의 한 존재라는 희소성의 가치. 우리가 함부로 생각하고 함부로 다룰 존재가 아닌 것이다. 목적지를 성공과 부자로 입력해 두었다면 지금 바로 고속도로를 타고 성공으로 가 보자. 그러기 위해 성공한 사람들과 부자인 사람들을 가까이 하고 그들이 겪은 것을 바로 따라 해 보자. 그들의 생각을 따라하고 경험해 본다면 우리는 우리가 알지 못하는 순간 고속도로에 가 있을 것이다. 그 고속도로를 탔다면 달려보는 것이다. 그 순간 속도를 내는 순간 분명하게 지켜야 할 것이 있다. 규정 속도와 규범이 있다는 사실이다. 속도와 규범을 지켜 달린다면 성공과 부자의 목적지에 도착해 있는 자신을 발견하게 될 것이다.

잊지 말자. 나와 당신의 이 세상에 예전에도 없었고 지금도 없고 앞으로도 없을 유일무의 한 존재이며 소중하고 매력 있고 능력이 있다는 사실을.

지금이 인생을 역전할 기회이다

내가 아는 지인 중에 한 사람은 35살이고 아침 7시까지 출근해서 저녁 7시에 퇴근한다. 주 5일 근무는 물론이고 토요일도 무조건 출근해서 5시까지 일한다. 그렇게 하루 12시간을 일하고 점심에는 그마나 숨통을 트려고 1시간을 지내고 짬을 내서 커피를 마시면서 열정적으로 일한다고…….

그리고 회사에서 사적인 핸드폰을 하는 것도 눈치가 보인다고 한다. 그렇게 열심히 일해도 연봉은 2,200만 원으로, 그가 받는 전부라고 했다. 입사 때 했던 계약 때문에 휴일 아니, 연장 근무에 대해 불만을 말할 수도 없고 무작정 회사를 그만두었다가 다시 취직하지 못할까봐 무섭고 모아 놓은 돈도 없고 특별한 기술이 없어서 어쩔 수 없다는 푸념을 들은 적이 있다.

한 번 회사를 나오면 재취업이 어렵다. 전문직이나 특별한 경력직이 아니고 서는 서른이 넘으면 새로운 곳에 취직하기란 정말 어려운 것이다. 그렇기 때문에 많은 사람들이 불합리한 대우를 받으면서도 참고 견디는 것이다. 고등학교를 졸업한 사람도 전문대를 나온 사람도 대학교를 나온 사람도 대학원을 졸업한 사람도 한결같이 안고 있는 고민거리인 것이다.

또 그렇게 취업 경쟁을 뚫고 정규직이 되어도 대우는 비정규직이나 정규직은 크게 다르지 않다. 그렇다고 안정적이지도 않다. 또한 정리해고나 희망퇴직이라는 것들이 여기저기에서 도사리는 커다란 돌멩이 마냥 직업을 가진 회사원들을 괴롭히고 걸려 넘어지게 하는 돌멩이인 것이다. 누구나 넘어질 수 있고 어디에서든 흔하게 볼 수 있는 것이다. 지금 그것을 느끼고 있다면 그 누구의 탓도 아니다.

알리 바바의 마윈은 평범한 직장인에 머물러 있지 않고 계속 도전했다고 한다. 처음부터 큰 행동을 한 것은 아니지만 큰 목표를 세우고 아주 작은 것부터 실천해 나갔다고 한다. 대부분은 큰 꿈을 세우고 그 꿈을 어떻게 이룰까를 생각만 하다가는 실망하고 좌절할 뿐이다. 그러나 그는 아주 작은 것부터 실천함으로써 나중에는 큰 것도 성공하게 된 것이다.

에디슨은 500여 번의 실패에도 그는 좌절하지 않고 500여 번이 넘는 실패의 경험을 쌓은 것이라고 했다. 실패로 볼 것인가? 아니면 경험이라고 볼 것인가? 그러니 큰 꿈을 꾸고 생각만 하고 있다면 작은 일을 하지 않는 것 보다는 작은 일부터 시작하는 관점의 변화를 생각하고 움직여야 한다.

우선 자투리 시간을 활용해 보자. 시간이 없다고 징징대지 말고 아침 출근 시간, 퇴근 시간, 점심 시간 단 10분이라도 나를 위한 시간을 내서 활용해 보자. 시간표를 짜보고 그 시간에 맞게 생활을 하면서 불필요한 시간을 가위로 자르듯 불필요한 시간을 잘라야 하는 것이다. 그러면서 시간을 내어 책을 읽어보자.

경험이란 최고의 스승이 아니라 유일한 스승이라고 했다. 우리가 걷지 않은 길을 모두 걸을 수는 없지만 책을 통해 경험을 한 스승을 모신다면 유일한 스승을 내 곁에 둘 수 있는 것이다. 거기에 실제로 배울 수 있는 기회가 있다면 정말로 유일한 스승을 모실 수 있는 것이다. 시간이 부족할수록 머리는 더 빠르게 움직이는 법이다. 자투리 시간을 최대한 끌어 모아 사업을 위한 발판으로 삼는다면 아마도 성공의 고속도로로 가는 것이 빠를 것이다. 그리고 그 책을 읽으며 1인 창업을 위한 준비를 해야 할 것이다.

아주 바쁠 때 두뇌회전이 빠르게 되면서 일이 잘 풀리는 것을 느낀 적이 있을 것이다. 휴일에 집에서 무엇인가 하려고 하면 이상하게 자리에 자꾸 눕게 되고 뒹굴뒹굴하면서 시간이 많은데도 하고 싶은 일을 혹은 해야 될 일을 하지 못하고 시간을 그냥 흘려보낸 적이 있었을 것이다. 결국은 계획했던 일을 하지 못하고 시간을 허비한 경험이 있었을 것이다. 그런데 바쁜 시간 즉, 출근시간 전철 안이나 버스 안에서 읽는 책은 왜 그렇게 기억에 남는 것인지……. 바쁜 시간에 시간을 내고 그 시간에 집중하는 순간 내 시간이 되는 것이다. 그러니 바쁠수록 시간을 내어 1인 창업과 성공을 위해 준비하면 더 집중력이 발휘되는 순간이 성공할 수 있는 기회인 것이다.

이탈리아 토리노 박물관에 가면 고대 그리스 신화에서 묘사된 조각가 리시포스의 작품과 그림이 있다 많은 관광객들이 이 동상을 보는 순간 하나같이 웃고 만다. 그렇지만 그 밑에 새겨진 동상의 의미를 알고 나면 모두가 많은 감동을 받는다. 그 동상의 머리는 앞머리는 머리숱이 무성하고 뒷머리는 대머리이며 심지어는 양발 뒤꿈치에는 날개가 달려 있을 뿐만 아니라 양손에는 저울과 칼을 들고 있다. 앞머리가 무성한 이유는 나를 발견한 사람들이 나를 쉽게 붙잡을 수 있기 위함이요. 뒷머리가 대머리인 이유는 지나간 나를 사람들이 다시는 붙잡지 못하도록 하기 위함이요. 내 발에 날개가 달린 이유는 순식간에 사라져 버리기 위함이요. 한 번 지면 다시 잡을 수 없는 것.

그리스 사람들은 그를 무엇이라고 생각했을까? 그가 바로 기회의 신 카이로스다. 그렇다면 카이로스가 들고 있는 저울과 칼은 무엇일까? 그것은 기회가 다가왔을 때 해야 하는 행동을 의미한다. 저울과 같이 정확한 판단을 내리고 칼과 날이 날카로운 결단을 행동으로 옮기는 것 그것이 기회를 만났을 때 해야 하는 일인 것이다. 누구나 잡을 수 있는 것이 기회이지만 기회는 준비된 자만이 잡을 수 있다. 또 하나는 카이로스는 앞이 보이지 않아 누구에게나 찾아간다는 사실이다. 와, 놀랍지 않은가? 아마도 내게 수만 번의 기회가 찾아오고 그렇게 흘러갔을 지도 모른다.

서울교대 앞에 살았던 적이 있었다. 그 당시에는 온통 밭이었고 아주 시골이었다. 몇 년이 지나서 그곳을 지나는데 흘러가듯 아버지는 이렇게 말씀했다. "여기에 땅을 샀어야 해."라고 말이다. 기회가 왔으나 기회인 줄 모르고 지나친 아버지는 금싸라기 땅을 그냥 지나쳐 버린 것이고 옆집에 살던 할아버지는 그냥 땅이 좋아 조금 샀을 뿐인데……. 지금에 와서 그 차이를 보면 그 할아버지 식구들은 강남에 빌딩을 소유하고 산다. 이것이 무엇을 의미하는지 잘 알 것이다. 기회를 준비하고 오기만을 기다린 것이 아니라 공부하고 연구하고 또 배우면서 기회를 노렸던 것이 적절한 기회가 왔을 때 놓치지 않고 행동으로 옮길 수 있었던 것이다.

어릴 적 우리 할아버지는 내게 유난히 엄했다. 내가 딸이라는 이유로 할아버지는 곁을 주시지 않았다. 방학 때 밥 먹고 아랫목에 누워 뒹굴뒹굴 하면서 낮잠이라도 자려고 하면 여지없이 말했다. "밥 먹고 곧바로 누우면 소 된다." 게

으르면 안 된다는 취지에서 한 말씀이라고 생각했지만 그때는 너무나 야속했다.

잠시 게으름을 피울 수는 있지만 우리가 게으름을 피울 때에도 나의 경쟁자들은 끊임없이 일하고 발전하고 있을 것이다. 처음에는 별 차이가 나지 않으나 얼마 지나지 않아 시간이 지날수록 그 간격은 점점 멀어져 감당할 수 없을 정도로 벌어지게 된다.

누구나 부자이고 싶으나 누구나 놀고 싶은 것이 사실이다. 그렇다면 지금 놀 것인가? 아니면 지금 당장 발전하기 위해 무엇을 할 것인가는 자신의 선택에 달려 있다. 이것은 실력의 차이가 문제가 아니라 시간의 차이가 문제이다. 실력의 차이는 노력하고 공부하고 극복할 수 있지만 시간의 차이는 극복할 수가 없다. 흘러가는 물은 바가지나 그릇으로 담을 수 있다지만 시간은 그 어떤 것으로도 잡을 수가 없다.

잠을 자는 시간에도 여행을 가고 텔레비전을 보고 영화를 보면서 시간을 즐기다 보면 어느새 검은 머리카락이 흰색으로 변해가는 빠른 시간을 어떻게 잡을 것인가? 세상의 부귀영화를 누리던 옛 왕들도 지금의 대통령이나 재벌들에게도 공평하게 시간은 주어진다. 오래도록 살고 싶어 발버둥을 치던 진시왕의 예를 봐도 그렇지 않은가?

어떠한 상황에서도 우리가 놓치지 말아야 하는 것은 실력의 차이가 아니라 시간의 차이다. 지금 할 것인가? 나중에 하고 미룰 것인가는 그 누구도 하는 것이 아니라 내가 스스로 정해야하고 결과 또한 내가 책임져야 하는 것이다.

인생을 역전하고 싶은가? 그렇다면 그 기회는 지금이다 지금이 인생역전의 기회인 것이다. 잡아라! 지금 당장 그 역전의 시간을.

잘하는 것을 찾아서 성공하라

세상에는 남자와 여자로 나누어진다. 그중에 여자들이 사회생활을 하기에
는 어려운 점이 많다. 일단 사회로부터 여자는 보호받아야 하는 존재로 알려져
있지만 여성들은 보호받는 존재로만 살아오지 못했다. 여자는 연약하지만 엄
마는 강하다는 말을 많이 하지만 여자들은 태어나면서부터가 강함을 숨기고
약한 모습으로 태어나지 않았을까? 갈대를 보면 그 가지가 너무나 약하지만 어
떠한 강한 바람에도 뿌리가 뽑히지 않고 넘어졌다가 다시 일어나는 갈대가 여
자의 상징인 것처럼 느껴진다.

그런 여성들이 현대로 오면서 사회생활을 하게 되면서 많은 고난을 겪게 된
다. 고난이라기보다는 차별이라고 해야 하나? 그속에서도 출산과 육아라는 더
큰 장벽을 만나게 되는 것이다. 어쩔 수 없이 다니던 직장을 그만두어야 하고
경력이 단절된 채 몇 년이 지나고 다시 사회에 뛰어들려고 해도 길이 막혀서

좌절하게 된다.

전문 기술이 있어도 사정은 별반 다르지 않다. 나이와 경력이 많다는 이유로 경력이 많으면 월급을 많이 주어야 하는 부담감으로 점점 밀려나는 것이다. 전문 직종일수록 나이 많은 주부는 기피 대상인데 일반 사무직이나 회사에 취직하는 일은 더욱 힘든다. 내가 처음 취직할 때에도 그러했고 나와 같이 일하던 우리 직원들도 거의 비슷했다. 주부로 살아오다가 처음 취직하려고 면접을 볼 때면 빠지지 않고 하는 말이 "저도 잘 할 수 있을까요?" 였다. 그러면 나는 "당신이 가장 잘하는 일이 무엇인가요?" 라고 물어본다. 그러면 말하는 것이 "저는 가족을 잘 챙기는 일은 잘합니다. 그리고 가족을 위해 음식을 하다 보니 야채는 잘 알아요. 제가 잘 하는 것으로 돈벌이를 할 수 있을까요?" 그것이 지금 하고 있는 녹즙 일이다. 54세 되는 여성이고 취직해 본 적이 없었다. 그 분은 교회를 다니면서 가끔 전도지를 돌렸는데 그 전도지 한 장도 자신 있게 주지도 못했을 정도로 수줍음이 많은 분이었다. 우리 사무실에 찾아올 때에도 문을 활짝 열지 못하고 문을 3분의 1일만 열고 고개만 살짝 열고 "저 같은 사람도 일할 수 있을까요?" 였다. 조용조용하고 수줍음이 많은 그 분은 다른 사람보다 걱정이 더 많았다. 무슨 말을 물어보기라도 하면 수줍은 얼굴로 대답만 하였고 먼저 질문하는 일도 없었다. 나중에 안 사실이지만 그 분은 돈도 돈이지만 자신의 성격을 고쳐보고 싶었고 또 활발하고 적극적인 사람들이 가장 부러웠었다고……

아이들 어렸을 때에는 아이들 키우느라 자신의 성격이 중요하지 않았는데 이제 아이들 결혼시키고 새 식구들이 생길 텐데 본인의 성격으로는 친해지기 어렵다는 생각을 했다고 했다. 그분은 며느리와 친구같이 말 하는 사람들을 보면서 본인의 성격을 한번 고쳐보고 싶다고 했다. 기왕이면 돈을 벌면서 하면 좋지 않을까? 했다. 그분의 성격상 차분하다보니 고객과 친해지는 것은 시간이 좀 걸릴 수 있었으나 막상 친해지고 나니 이모 이미지로 딱이었다. 이모의 모습은 어떤가? 제2의 엄마라고 할 만큼 따뜻하고 포근하고 내편 같은 이미지가 아닌가? 그분의 이미지는 적중했고 여자 직원들이 많은 지역 특성 또한 도와주어 지금은 6년째 일을 같이 하고 있다. 지금은 사무실을 들어올 때면 "내 밥 좀 있어?" 하면서 들어오신다. 여전히 말수가 적고 조용조용 하지만 고객에게 만큼은 이모로 통하고 잘 챙겨주기로 유명해 그곳의 유명 인사가 되었다. "내가 잘 할 수 있는 게 뭐 있겠어? 그냥 식구들 챙기듯 녹즙 챙기는 일을 했더니 유명해졌다." 고 한다. 가끔 그분이 처음 사무실을 방문하던 모습을 흉내를 내기라고 하면 "그때 내가 얼마나 용기를 냈는지 알아?" 하며 그때를 회상하며 "내가 잘하는 일을 찾아서 했더니 돈도 되고 요즘 며느리하고 잘 지내. 우리 며느리가 어머님은 좀 다른 어머님과 다르게 자식 사랑이 유별한 것 같다고 칭찬도 해 주었어." 그분의 예를 보며 잘 할 수 있는 나의 장점을 찾고 그것을 사업으로 발전시키니 돈도 되고 만족도 또한 높으니 일도 재미있다고 한다.

기왕 예를 들은 것 한 분의 예를 들어보기로 하자. 그 여성은 40대 중반에 나를 만나게 되었는데 외제차를 타고 왔고 기운차 보였다. 남편이 주유소를 할 만큼 여유도 있었고 아이들은 중학생, 고등학생 두 아이의 엄마였다. 운동도 좋아하고 사교성도 좋아서 스포츠댄스를 즐기고 탁구도 즐기면서 대회도 나가고 기왕 나가면 꼭 입상할 만큼 적극적이었다. 그분은 처음 오자마자 그 기운이 운동을 해서인지 자신감도 있었고 말도 똑 부러지게 잘했다.

"저도 일을 해 보고 싶은데요. 전 영업은 못 해요. 영업하라고 하면 전 안 할 거에요!"

위에 소개한 분과 한달 사이로 나와 인연이 된 분인데 그 당당함 속에 남을 귀찮게 하거나 피해를 주면 안 된다는 생각이었다. 그 분에게 있어서 영업이란? 귀찮게 하는 것이고 사람에게 피해를 주는 것이었다. 결론부터 말하자면 내가 알고 나와 같이 일하는 분 중에 영업을 제일 잘 하는 분이 되었다. 어떻게 그렇게 되었는가 하면 그분의 영업의 정의를 조금 바꿔 주었을 뿐인데 결과는 정말로 대단했다. 본인의 성격 중에 적극적이고 사교성 좋은 것이 그 분의 장점이 되어 수입에도 굉장한 결과를 내고 있는 것이다. 그 분은 지금도 진행 중이고 계속해서 발전하고 있다.

여러분은 영업이라는 것을 어떻게 생각하는가? 여러분도 영업은 귀찮고 불편을 끼치는 일인가? 그렇다면 '영업이란 무엇인가? 부터 정의를 다시 내릴 필요가 있다. 내가 생각하는 영업이란? 인간관계인 것이다. 모든 인간관계속에 우리가 느끼지 못한 사이에 영업이 존재한다. 잘 보아라. 아이들과의 대화에서도 '네가 뭘 해라 뭘 줄게.' 라는 이야기를 자주 하게 된다. 네가 이번에 성적을 얼마 올리면 네가 원하는 운동을 시켜줄게 라든가 네가 피아노를 사고 싶어 하는 데 피아노를 사게 되면 하루에 얼마나 연습할 거니? 자세히 보면 영업을 하고 있는 것이다. 피아노를 사줄 테니 그 값으로 하루의 계획표와 피아노를 얼마나 칠 것인지에 대한 대가를 지불해라. 네가 그토록 운동이 하고 싶니? 그러면 그 대가로 성적을 올려서 가격을 지불해라. 아이들의 교육에서만 존재하는가? 상사와의 대화에서도 친구와의 대화에서도 정말로 우리와 밀접한 관계를 가지고 있는 것이 영업인 것이다. 가끔 내 아이들에게 친구들과 잘 지내고 리더하고 싶니? 인기가 많은 사람이 되고 싶니? 영업을 배워라 라고 나는 조언을 해 준다. 그 영업 속에 우리가 배워야 할 처세술이 묻어나는 것이 영업이기 때문이다. 이것을 조금 바꾸어 주었고 자신의 장점을 잘 살려서 하다 보니 돈도 벌고 일도 재미있다고 언제나 즐거워한다.

얼마 전에는 기타를 혼자서 독학을 해서 연주를 한 적이 있었다. 그 나이에 뭔가를 다시 배운다는 것이 쉽지 않지만 늦었다고 생각하지도 않는다며 신나게 일을 한다. 주변이나 텔레비전을 통해서 보면 자신의 작은 장점을 놓치지 않고 잘 살려서 그것을 창업으로 연결해서 성공한 사례들이 많이 있다. 자신이 잘 할 수 있는 장점을 찾아서 사업으로 연결시키는 지혜가 필요한 것이다.

친구가 나를 찾아와서 나는 할 줄 아는 것이 없어 그냥 노는 것이 좋고 한가롭게 커피 마시는 게 좋을 뿐이야 라는 말을 한다. 그녀석의 장점은 커피를 좋아하다 보니 커피에 대해 여러 가지 공부를 해서 해박한 지식을 가지고 있었다. 그리고 그 녀석의 샌드위치 솜씨는 정말 끝내주었다. 가끔 친구들과 그 친구 집에서 만나면 샌드위치를 만들고 커피를 잘 내려서 친구들의 칭찬을 한 몸에 받기도 했다. 샌드위치가 맛있고 커피가 맛있으니 친구 한 명이 "너, 커피 집 해 봐라. 샌드위치도 잘 만드니 넌 잘 할 것 같아." "그래? 나 커피 내리는 것 하고 샌드위치 만드는 것은 자신 있어." 라며 신나 했었다.

그러던 어느 날 친구에게서 전화가 왔다. 커피 집을 오픈하게 되었단다. 친구들의 권유도 있었고 자신이 잘 하는 일을 더 뽐내고 싶었다며 잘할 수 있겠지? 조금은 자신 없어 하는 친구에게 "잘 할 거야. 넌 잘하는 일과 좋아하는 일을 같이 한 것이니 신나서 일을 할 것이고 아무튼 네게 딱인 사업을 시작했구나. 축하해." 했다.

지금 그 친구의 커피숍을 가보면 콧노래가 흥얼흥얼 잘하고 있다. 내 주변에 자기의 장점을 살려서 1인 창업을 시작한 친구들과 사람들이 점점 늘어가는 추세이다. 아이들은 어느 정도 성장하였고 무료하게 시간만 보내다가 문득 시간이 어느새 늘어가고 흰머리가 많이 생기는 나이가 되어 지쳐만 가다가 문득 드는 생각이 '나만 지금 뭐하는 거지?' 라는 생각이었다고 한다. 오히려 아이들

학교 다닐 때에 더 시간이 많았던 것 같다. 아이들 학교 보내놓고 엄마들이랑 커피도 마시고 맛 집을 찾아다니며 수다를 떨던 그때가 시간이 많았는데 요즈음 내 또래의 엄마들은 정말 시간이 없다. 자기 발전을 위해 무엇인가 배우거나 대부분은 1인 창업을 통해서 자신들의 사업을 시작한 것이다. 그러다 보니 모임을 한 번 가지려면 정말 어렵다.

또 한 친구를 소개 하려고 한다. 그 친구는 꼼꼼하고 손재주가 많아서 스스로도 자신의 손을 잘하고 다녔다. 그 친구와 만나는 날에서 다들 손톱이 예쁘게 단장을 하는 날이었다. 본인이 재미있어 하고 꾸미는 것을 좋아하다보니 얼마 배우지 않아서 실력이 부쩍부쩍 늘어갔다. 얼마 배우지 않은 것 같은데 그 친구는 자격증도 따고 얼마 있지 않아 학교까지 가게 되었다. 그 친구의 말은 이랬다.

"내가 손톱 꾸미는 것을 좋아하다보니 일을 해 보는 것이 좋겠다는 주변의 이야기를 듣고 한 번 해 봐야지 했는데 자격증을 따게 되었고 손톱만 하다 보니 눈썹도 하고 싶고 해서 학교를 다녀서 좀 배워야겠다는 생각이 들어서 전문 여성이 되기로 했어."라고 "이 나이에 공부 하려니 힘이 많이 들어 학교 때 공부 좀 해 놓을 걸." 라고 하며 한바탕 웃었다. 때 늦은 후회를 하면서도 그 때가 늦었다고 생각할 때가 빠르다는 말이 있다며 친구는 재미있어 하며 이 이야기도 빠지지 않고 한다. 재미로 내가 잘하는 일을 한 것인데 돈도 들어오네 라며 밥을 사기도 했다. 얼마나 아름다운가. 정말 좋아하는 일로 수입을 벌고 보람 있어 하고 재미도 느낀다면 정말 금상첨화가 아닐까?

'내가 뭘 할 수 있지?' 라고 생각만 하지 말고 수첩을 꺼내서 내가 잘 하는 일이나 재미있어 하는 일을 적어보자. 예를 들어 나는 건강에 관심이 많고 가족을 챙기는 일을 잘해. 혹은 난 사람 만나는 일이 재미있어. 즐거워. 이런 식으로 일단 적어보고 그중에서 더 잘 할 수 있는 일과 돈이 될 수 있는 일을 구분하고 나누어서 점점 그 격차를 줄여 나가다 보면 품목이 정해질 것이다. 그리고 그 분야의 전문가를 찾아가서 강의도 들어보고 면담도 해 보면서 나의 앞날을 차근차근 준비를 하다보면 어느새 내 앞에 사장이라는 명함과 가게가 있게 될 것이다.

이 글을 읽고 준비를 하는 사람도 있을 텐데 그 분에게 꼭 이런 말을 하고 싶다. 나의 장점을 살려서 일을 시작해 보라. 그리고 그것을 즐겨라. 내가 남들보다 일찍 일어나는 것은 내가 남들보다 좀 더 빨리 움직여서 시간을 벌자는 이유이기도 하다. 잘하는 일과 좋아하는 일에 맞춰서 그만큼 중요한 것은 성공을 위해 노력하는 것이다 남들보다 다른 것으로 차별화를 두고 좀 더 노력한다면 그 시기가 중요하지 않다. 그때가 더 늦기 전에 잘 하는 일로 성공을 이루는 역사가 일어날 것이다.

거창하게 역사라고 하면 웃기다고 할 수 있으나 성공한 대 기업의 사장님들만 역사를 이루는 것은 아니다 .내 삶의 주인으로서 진정한 주인의 성공을 이루는 역사가 이루어지는 것이다. 흐르는 시간을 잡을 수 없으니 더 늦기 전에 지금 실천 해 보라. 지금 해 보아라.

성공을 위한 체크 포인트

하루를 정리해라

어릴 적 하루를 정리하며 일기를 썼다. 학교에서 숙제로 매일 쓰기 싫은 일기를 썼지만 이제 나 자신의 성장을 위해 내일 어떻게 할 것인가? 보다는 뭘 잘못했는지를 적을 때가 더 많았고 그렇게 배웠었다. 나는 하루를 정리하면서 명상을 해 보라고 말하고 싶다. 소는 4개의 위를 가지고 있다. 소를 보면 계속 무엇인가를 씹는 행동을 한다. 아무것도 먹고 있지도 않는대도 말이다.

그것은 위에 있는 음식을 다시 입으로 가지고 와서 씹는 행동이다. 이것을 우리는 되새김질이라고 한다. 명상에 있어서 되새김질은 필요하다. 되새김질을 하면서 칭찬할 거리를 찾는 것이다. 우리나라 사람들은 자신에게 있어서 굉장히 인색하다. 그러니 명상을 하면서 자신을 칭찬하고 자신감을 상승시킬 필요가 있는 것이다.

책을 읽어라

경험이란? 최고의 스승이 아니라 유일한 스승이라는 말을 들은 적 있다. 직접체험이 가장 좋은 것이지만 그 많은 일들을 모두 경험하는 일은 굉장히 어려운 일이다. 그렇다면 어떻게 하면 많은 경험을 쌓을 수 있을까? 그것이 책인 것이다. 책을 통해서 간접경험을 함으로써 나보다 먼저 경험하고 실패해본 사람들의 이야기를 통해 우리는 유일한 스승을 만나게 되고 그 스승을 통해서 유일한 해답을 얻게 되는 것이다. 그것을 공감이라고 할 수 있는 것이다. 어떠한 상황이 벌어졌을 때 예를 들어서 갑자기 내 사업터 앞에 경쟁 메이커가 이사를 왔다면 난감해 하고 싸우고 있을 뿐이고 속상해 할 뿐이다. 그런 상황을 직접이든 간접이든 겪어본 사람이 위로를 하는 것과 그런 경험이 전혀 없는 사람이 이야기 하는 것과는 많은 차이가 있을 것이다. 책의 필요성을 깨닫고 많이 읽어보고 유일한 스승을 많이 만드는 것이 성공의 비결인 것이다.

내 가족과 즐겁고 행복한 시간을 보내라

페이스북의 대표자인 세릴 샌드버그는 가능한 5시 30분에 퇴근해 가족과 행복한 시간을 보낸다고 한다. 또 인스타그램의 CEO 시스트롬 역시 저녁에는 가족과 함께 시간을 보낸다고 한다. 옛날 말에 가화만사성이라고 했다. 집안이 화목하면 모든 일이 잘 이루어진다는 것을 뜻하는 한자성어이다. 모든 일은 가정에서부터 비롯된다는 말이다. 가정은 공동생활이 이루어지는 최소 단위 이자 사회생활의 출발점이다. 따라서 공동체의 근간인 가정이 화목하지 않으면 가족 구성원 사이에 갈등이 생기고 의심하고 미워하는 마음이 일어나 결국 서로 화목의 반대인 반목하게 되는 것이다. 즉, 가정이 편안해야 나가서 하는 일이 잘 된다는 것이다.

내일을 계획한다.

일에 내용과 계획 그리고 중요도에 따라서 우선순위를 정하고 명확한 계획을 세운다. 어릴 적 방학 때 계획표를 짜본 경험이 있을 것이다. 뭉뚱그려서 짜는 시간표는 초등학생들이나 하는 계획이 아닐까? 우리가 성장한 만큼 방법과 순서를 좀 더 구체적으로 세울 필요가 있다. 그렇지 않으면 내일 또 내일을 미루기 쉽기 때문이다. 내일은 매일 오는 것이 내일이다. 오늘이 있는 한 존재하는 것이 내일이기 때문에 꼭 내일에 해야 할 것을 명확하게 세우지 않으면 뒤따라오는 내일에게 잡아먹힐 수 있다. 내일에 명확한 계획을 세운다. 시간을 최소단위로 잘라서 구체적이고 명확하게 계획을 세우는 것이 일의 시작이다.

핸드폰을 꺼라

핸드폰이 있어서 편리한 점이 많이 있다. 핸드폰에 길들여져 어느새 우리는 핸드폰의 노예가 되고 말았다. 핸드폰을 끄고 하루만 있어보라. 핸드폰을 끄기 전에는 그쯤이야 할 수 있다고 하지만 곧 한 시간도 채 되지 않아 누구에게서 전화 오면 어떡하지 문자가 오지는 않았나? 여러 가지로 궁금증 때문에 확인하게 된다. 편리함에 익숙해지고 길들여졌기 때문이다. 혼자 있을 수 없고 생각하는 시간을 방해하는 것으로 우리들의 일상을 방해하고 생각하는 시간이 점점 없어지게 된다. 심지어는 자면서도 핸드폰을 확인하는 사람도 있다고 하는데 과감하게 핸드폰을 30분씩만 꺼두는 습관을 길러보는 것이 어떤가? 사각의 작은 물체에게 내가 명령받고 길들여지고 있다고 생각하면 슬프지 아니한가? 그러니 최소 30분에서 1시간 이상을 나를 방해하지 못하도록 해 놓고 자신만을 위해 행복한 여행을 떠나보는 것이 휴식이 아닐까 한다.

기도의 시간을 가져라

기도의 시간이라 함은 소원을 비는 기도가 아니라 나를 돌아보는 기도의 시간을 가져보라는 것이다. 마음을 다스리고 감정을 정리할 시간이 필요하다. 우리가 바쁜 일상을 살면서 감정을 정리하지 못하고 지나가다 보니 스트레스에 못 이겨 묵은 옛 상처까지도 가지고 가는 것이다. 상처가 생겨서 나을 것은 알지만 치료하지 않고 아픈 채 많은 시간을 보내는 것과 같은 것이다. 그렇기에 감정을 정리할 시간이야 말로 치료의 시간인 것이다. 하루를 돌아보고 나의 감정과 마음을 따뜻하게 치료해 주고 때로는 냉철하게 나 자신을 돌이키며 다시는 그런 실수를 하지 않도록 함으로써 성취감을 얻는 시간을 갖는다. 명상의 시간과 비슷하지만 미래를 위한, 치유를 위한 기도의 시간은 꼭 필요하다.

내일을 구체적으로 상상의 그림을 그려라

내일 할 일과 내일 만날 사람들과 미리 예행연습을 하는 것이다. 그것을 상상으로 그림을 그려보는 것이다. 나는 어려서부터 길눈이 밝기로 유명했다. 한 번 간 길은 다음에도 거의 찾아갔기 때문에 어른들을 깜짝깜짝 놀라게 할 때가 많았다. 심지어 버스나 택시로 처음 간 길을 다음에 그대로 갈 때도 있었다. 그것은 출발하기 전부터 상상으로 그림을 그려본 것이다. 출발에서부터 중간 중간 포인트를 생각하며 아주 구체적으로 마치 가고 있는 것처럼 그대로 그림을 그리고 다음 날 그대로 출발하면 여지없이 막힘없이 힘들이지 않고 찾아갈 수 있었다. 운전면허 시험을 보러 갈 때에도 그때는 모두 스틱으로 면허를 따야했는데 운전연습을 상상으로 여러 번 연습하고 가서 한 번에 합격을 했다. 연수를 받을 때에도 갈 지점을 어떻게 갈 것인가를 정하고 상상으로 여러 번 그림을 그려본 경험이 있다. 이처럼 내일 할 일을 상상으로 그림을 그려보는 것이 좋다. 만약 약속된 만남이 있다면 그 만남의 예행연습을 하는 것이다. 무슨 질문을 어떻게 할 것인가? 대답은 어떻게 할 것인가? 아주 구체적으로…….

계획한 것을 달성했을 때 기록으로 남겨라

목표를 정하고 그것을 달성한 것은 대단한 것이다. 그러기에 자신을 충분히 칭찬은 해줄 필요가 있다. 그것은 큰 자랑거리일 수 있고 그것을 기록함으로써 칭찬받고 자랑할 거리인 일을 저장해 두고 자꾸 꺼내볼 필요가 있는 것이다. 매번 성공할 수만은 없는 것이고 자신도 모르는 사이 사기가 떨어질 때 그것을 꺼내봄으로써 자신이 할 수 있다는 자신감을 회복할 수 있는 일이다.

기록은 되도록 자세하게 기록해서 시간이 지난 다음에도 그 일을 기억해 낼 수 있도록 하는 것이 좋다. 대개 사람들은 칭찬에 인색하다. 더구나 자기 자신을 칭찬하는 것은 어려워도 하고 불편해 하는 것이 사실이다. 그러나 남을 칭찬하는 일보다는 자기 자신을 칭찬함으로써 자존감을 높이고 할 수 있다는 자신감을 충전할 수 있는 절호에 기회이니 날짜, 함께 한 이들, 있었던 일, 있었던 일, 그리고 성공요인 좀 더 보안해 주어야 할 일을 적어놓는 것이 중요하고 이것을 성공노트에 적어놓는 것이 중요하다.

아직도 끝내지 못한 것이 있다면 확실히 끝을 내라

매번 반복하는 말이지만 내일 이것은 오늘이 있는 한 매번 오는 것이 내일이다. 하루의 일을 마무리 못하고 마감해야 할 때 우리가 흔히 하는 이야기가 "내일 하지. 뭐." 라고 한다. 내일엔 내일의 할 일이 꼭 존재한다는 사실을 잊으면 안 된다. 그렇기에 끝내지 못한 일은 확실히 끝내야 하는데 고민만 하지 말고 포기도 하지 말고 하루에 해야 할 것을 확실히 끝을 내야 내일 일이 부담스럽지 않으니 '오늘이 끝이다.'라고 생각하고 미루지 말아야 할 것이다. 물론 오늘이 끝이 아니다. 그러나 끝이라고 생각하지 않으면 미루기 좋아하는 우리는 미루게 되고 그 일이 내일로 합세하면 해야 할 일이 많아지기 때문이다. 하루를 마무리하기 전에 끝내지 못한 일은 확실히 끝내는 습관을 기르는 것이 중요하다.

내일을 위해 충분히 잠을 자라.

인간은 삶의 3분의 1 가까이를 잠을 자는데 소비한다. 대략 25년 된다고 한다. 잠을 않자고 버틴 기록은 11일이라고 한다. 하루에 7시간 미만의 시간에 잠을 자면 수면을 단축한다는 연구 결과도 있다. 잠을 충분히 자지 않으면 1주일 내로 0.9Kg 가까이를 늘릴 수 있다고 한다. 대부분의 사람들은 먹지 않고서 2개월을 버틸 수 있지만 잠을 자지 않고는 11일 동안 밖에 버티지 못한다. 그만큼 잠이 중요하다는 것이다. 잠을 자지 않으면 그 둘째 날부터 문제가 생기는데 물체가 또렷이 보이지 않고 흐리게 보이게 되고 셋째 날이 되면 감정의 기복이 심해지고 신경질을 자주 내게 된다. 잠을 못 자게 되면 학습, 암기, 기분 반응시간에 영향을 받게 된다. 그러니 집중을 잘 할 수 없고 심지어는 환각증상을 보이기도 한다.

우리는 뇌로부터 피곤하다는 신호를 받고 졸리게 된다. 우리가 깨어있는 동안에 몸 안에 많은 세포들이 바쁘게 활동을 한다. 그러나 잠을 자는 동안에 우리 뇌의 시스템은 더 활발하다는 사실을 아는가? 깨어 있을 때보다 잠자는 동안에 뇌의 시스템은 더 활발하게 한다는 사실이다. 잠은 중요하다, 충분히 잠을 자는 것이 중요하다.

창업이 살 길이다

사업을 하는 것 이전에 창업이라는 것을 해야 사업의 시작이 되는 것이다. 그러기 전에 사업의 정의를 내려 볼 필요가 있다. 도대체 사업이란 무엇일까? 고용되지 않은 일로 돈을 버는 것이 사업의 정의이다. 고용되지 않고 스스로를 고용해서 하는 일 이것이 사업의 시작이고 정의인 것이다. 사업에는 크고 작음이 작용하지 않는다. 작은 가게여도 사업이고 큰 건물을 사서 하는 일도 사업이다. 여기에는 많은 사람이 있어도 또한 한 사람이 있어도 사업인 것이다. 그렇다면 스스로를 고용해 혼자 하는 것도 사업인 것이다. 우리가 생각하는 것은 거창한 것만 사업이라고 생각하는데 그런 생각을 버려야 한다. 현대에는 1인 창업을 하고 그것으로 작은 금액이나 큰 금액을 벌고 있는 사람들이 너무나 많이 있다. 더러는 사업장이 없는 사업가들도 많이 있다. 사업장이 없다고 해서 돈을 못 버느냐 하면 그것은 아니다. 사업장이 없고 혼자 일을 하면서도 많은 돈을 벌어서 부를 축적하는 이들도 많이 있으니까 그럼 사업을 하면서 뭘 해야 할까? 돈을 벌려면 어떤 것부터 해야 할까 그것이 문제이다. 무엇인가 생산을 할 것인가 아니면 서비스를 할 것인가를 정해야 할 시기이다.

사업을 시작하려면 품목이 있어야 하는데 그 품목을 정하는 데에는 두 가지가 있는 것이다. 물건을 만들어 그것을 판매함으로써 수익을 얻을 것인가 아니면 서비스를 함으로써 그 비용을 받을 것인가이다. 서비스에는 여러 가지 종류가 있다. 자신의 지식으로 아이템을 정해서 일을 하는 것 이것도 서비스인 것이다. 내가 뭔가를 상품을 만들 수 없다면 서비스를 생각하는 것도 하나의 방법이다. 나는 이 두 가지를 접목한 녹즙이라는 품목을 정했고 그것을 배달하는 일로는 부족하니 서비스를 접목한 사업을 한 것이다. 녹즙이 만들어진 것을 판매하는 일이었는데 건강식품 판매하는 일에는 여러 가지 일이 있을 수 있다. 쉽게 생각해서 건강식품의 대표하는 것이라고 할 수 있는 여러 모양의 건강식품 매장을 흔하게 볼 수 있다. 그 상품을 가지고 판매함으로써 수익을 얻을 수 있는 것이다. 또 동네의 건강즙을 만들어 주는 즉 우리가 흔히 말하는 염소집 같은 즙을 내어서 판매를 하는 곳도 있다. 그렇게 하려면 많은 투자비용과 기술이 필요하다. 가게를 얻을 수 있어야 하고 고객을 유치하는 일 또한 해야 하는 것이다.

나는 제품도 있고 서비스를 접목하면 좀 더 낳은 수익을 얻을 수 있을 것 같아서 그 품목을 선택했고 또 내가 주부로서 특별한 기술이 없어도 할 수 있는 일 주부의 특징을 잘 살린 그런 일이었다. 이쯤 되어서 내가 수익을 내고 있는 내 일을 소개 해 보려고 한다. 주부는 식구들을 위해 음식을 만들고 건강을 지킨다. 그리고 많은 음식을 함으로써 야채의 특징을 잘 알고 있기 때문에 다른 사람보다 많은 것을 가지고 잘 할 수 있을 거라고 생각했다. 가족을 위하고 챙겨주는 일은 누구보다 한 삼인처럼 아니, 야쿠르트 저럼 유통기한이 길어서 배달하기가 쉬울 수 있으나 내가 선택한 것은 녹즙이었다. 생야채를 그대로 갈아서 살아있는 야채를 병에 담아서 배달을 하는 일이다. 생야채를 갈았기 때문에 유통기한이 짧아서 매일매일 배달하는 것이 매력이 있었다. 병중에 계시던 아버지를 위해서 엄마가 녹즙을 갈아주는 것을 보고 자랐기 때문에 녹즙이 건강에 좋다는 것을 이미 경험 해 본적이 있기 때문에 자신 또한 있었던 것이다. 녹즙 시장 중에서도 매일 매일 챙겨줄 수 있는 틈새시장인 것이다. 요즈음 틈새시장을 이용해 성공한 사람들과 같이 나도 일찍이 틈새시장을 뛰어든 것이다. 그러고 보면 녹즙사업이야말로 틈새시장을 겨냥한 것이다. 내 식구들을 챙기는 마음으로 고객을 챙기고 고객에게 맞는 녹즙을 권 해 줌으로써 지금까지 나를 있게 한 영업 노하우라고 할 수 있다. 100세 시대를 달리고 있고 사람들은 오래 살게 되었으니 건강하게 사는 일이야말로 관심사가 아닐 수 없다. 방송에서도 야채의 중요성을 계속해서 어필해 주고 있는 이 시대야 말로 녹즙사업이야말로 전성기를 맞은 것이다. 경력이 단절되고 힘들어 하고 주부로서 무엇인가 해야 하는데 기술은 없고 자본도 없다면 나와 같은 녹즙사업을 강력히 권하는 바이다. 나는 그렇게 사업가가 되었고 나의 사업을 향한 고객에 대한 서비스로 지금까지 이어오고 있는 것이다.

지금까지 무엇을 해야 할까? 돈을 어떻게 하면 벌수 있을까? 를 생각만 하고 있다면 이제 마음을 정하고 자본이 없이도 기술이 없이도 그 가치를 인정받을 수 있는 녹즙사업을 추천하는 것이다. 이밖에도 자본이 없고 특별한 기술이 없는데도 사업을 시작해 보고 싶다면 자신이 잘 하는 것과 좋아하는 것을 시작하는 것이 맞다. 또한 신문과 방송을 통해 트렌드가 무엇인지 무엇에 관심이 있는지를 잘 보면 길을 만날 수 있을 것이고 어떠한 상황에서도 먼저 겪어본 선배 경험자들의 도움을 받을 수 있다면 금상첨화일 것이다. 마지막으로 내 입장이 아니라 상대에 입장에서 생각하고 질문하는 것이 좋다. 모든 것이 내가 잘하는 일과 좋아하는 일을 하되 자신의 관점에서 고객을 배려하는 것이 중요하다. 내가 잘하는 일과 좋아하는 일에 모든 관점이 나에게 맞춰져 있다면 모두가 나와 같은 사람만 만나기란 어려운 것이기에 품목은 좋아하는 일과 잘하는 일을 하되 나머지 그것을 어떻게 풀어가며 쉽게 이야기해서 서비스는 내 관점이 아니라 전적으로 고객의 관점에서 시작하라는 것이다.

우리 동네에 예쁜 옷 매장이 있다. 내가 봐도 마음에 드는 옷이 참 많이 있다. 사고 싶어서 들어 가보면 내 체형에 맞는 옷이 없다. 단 한 번도 사이즈가 한 번에 맞아서 사온 적이 없다. 옷 파는 가게 사장님이 나보다 작고 날씬하니 본인이 생각해서 좀 큰 사이즈를 갖다놓는다 해도 그렇게 크지 않아 나와 같은 사람의 사이즈가 없는 것이다. 그러면 그 사장님은 이렇게 이야기 한다. "분명 큰 옷을 사온다고 왔는데 언니한테는 작네요." 한다. 본인이 사이즈가 작기 때문에 조금만 커도 많이 큰 것으로 생각이 되어 나정도의 사람이 사갈만한 사이즈가 없는 것이다. 이것은 누구의 관점인가? 고객의 관점이 아니라 본인의 관점인 것이다. 품목이 정해졌다면 모든 초점은 고객의 관점에서 준비하는 것이다. 내가 고객에게 맞춤 서비스를 잘한다고 고객들이 나에게 고마워한다.

내 고객 중에 방송국 아나운서가 있다. 그는 아침뉴스를 진행하기 때문에 아침에 목이 풀리지 않아 힘들어 했었는데 내가 도라지를 따뜻하게 데워서 고객의 책상에 놓아두었는데 몇 번 보니 출근하자마자 책상이 있는 사무실로 가는 것이 아니라 분장실로 먼저 간다는 사실을 알게 되었고 출근 시간에 맞춰서 따뜻하게 데운 도라지를 고객의 책상이 아닌 분장실로 가져다 주었더니 고객들로부터 맞춤 서비스를 잘해 준다며 고마워했다. 그리고 한 가지 더 말하자면 고객의 관심사를 생각해라. 인기, 관심 정도를 살펴야 하는 것이다. 고객의 관점에서 바라보고 방송이나 인터넷을 통해서 시대가 변하고 관심사가 변하는 것이다. 그렇게 관심 있게 변해가면서 창업을 준비하는 것이다. 그렇다면 녹즙은 유행이 없을까? 녹즙에도 유행이 있고 트렌드가 있는 것처럼 모든 일에는 변화가 존재한다는 사실을 알아야 하고 그 변화에 적응을 해야 성공할 수 있는 포인트인 것이다.

사업을 시작해 돈을 벌고 싶은가? 그렇다면 본인이 잘하는 일과 좋아하는 일을 선택하고 그 관점은 전적으로 고객에게 맞춰가며 관심사나 인기 있는 것으로 조금씩 변화를 준다면 성공은 보다 빠르게 내 앞에 와 있을 것이다.

자신에게 투자할 줄 아는
사업가 마인드

어찌하다보면 생각지도 않은 돈이 생길 수 있다. 그럴 때 나는 어쩔 수 없는 직장인인지 아니면 사업가의 자질이 있는지를 알 수 있다. 예를 들어 갑자기 500만 원이 생겼을 때 당신이라면 어떻게 하겠는가? 나는 직장 마인드다 하는 사람들의 대부분은 그 돈을 투자한다. 어디에? 남이 만들어 놓은 곳에. 남들이 투자하는 증권에 투자하기고 하고 이자는 적지만 안전한 은행에 넣어두기도 한다. 그리고 생각한 수익이 생기지 않으면 투덜댄다. "왜 안 오르지?" 남들은 쉽게도 버는데 왜 내가 투자하면 오르지 않고 그 자리이거나 조금 밖에 오르지 않는 것에 짜증을 내기도 한다. 그러면서 부자들을 보면 부러워만 한다. 부러우면 지는 것이라고 누군가 말 했었다. 부러워하는 것은 부러움으로 끝이 나는 경우가 많다. 왜냐하면 나는 할 수 없다고 생각하고 그들만 할 수 있는 일이라고 생각하기 때문이다. 내가 움직이지 않고 남이 해 놓은 것에 숟가락만 얹어서 가겠다는 생각인 것이다. 반대로 내가 사업가라면 남들이 노력하고 일궈놓은 곳에 숟가락만 얹어서 가려고 한다면 어떻겠는가? 그렇다 모든 일은 반대로 생각해 보면 답이 나오는 것이다. 그렇기에 직장생활을 하면서 안정적으로 가기를 원하고 그곳에 안주하기를 원하고 그것에 맞추어서 살게 되는 것이다. 큰 돈을 만질 기회도 위험을 겪을 기회도 허락하지 않고 안전하기 만을 원하는 것이다. 그렇다면 사업가의 마인드를 가진 사람이라면 이 500만 원이라는 돈을 어떻게 쓸까? 대부분의 사업가들은 그것을 우선적으로 쓰는 곳이 있다. 자기 자신을 위해서 쓴다. 내면에 투자하는 것이다. 일단 사업의 주체인 나 자신을 믿고 절대 도망가지 않을 나 자신에게 투자해서 발전시킨다. 강의를 듣거나. 배우거나. 마음을 다스리거나. 생각의 폭을 넓히는 일에 나 자신을 업그레이드 시키는 일에 투자 하는 것이다. 혹은 먼저 이룬 사람들의 도움을 받고자 코칭을 받기도 하는 것이다.

강의를 들어서 나를 다시 뒤돌아보게 하고 한 단계 올라갈 수도 있고 무엇인가 나를 발전시키기 위해 기술이나 멘트 등을 배우는 것이야 말로 여러 가지로 나에게 유익할 것이다. 사업을 시작하게 되면 여러 가지 많은 일들을 겪게 될 텐데 그것을 다스릴 수 있는 수양을 쌓는 일도 중요할 것이다. 사업가는 생각이 달라야 하는 것이다. 평범한 생각에서 머물러 있다면 남들이 다 하고난 뒤에야 그것을 발견하기 쉽다. 그러나 생각의 폭이 넓은 사람은 남들이 보지 않는 것을 보게 될 것이고 그것으로 자신을 발전시킬 수 있는 길이기도 하다. 코칭을 받는다. 이것은 책에서도 얻을 수 있지만 현실에 맞고 나에게 맞는 경험자들의 눈으로 본 것을 코칭 받는 일 또한 굉장한 투자처인 것이다. 나에게 나보다 2살 위인 친구가 있다. 같은 업종의 일을 하다 보니 친해지게 되었고 지금도 같은 업종에 일을 하고 있다 물론 지역이 다르고 그녀는 나보다 잘 나가는 지사장이기도 하다. 얼마 전 친구로부터 뜻밖의 이야기를 들었다. 학교에 들어갔다는 것이다. 4년제 대학을 등록을 했다는 것이다. 뒤늦게 시작한 공부가 너무 재미있다며 나에게 자랑을 했다. 나는 그 친구에게 박수를 쳐 주었다. 그 친구의 남편은 사업을 보는 눈이 남달랐다. 늘 앞서갔으며 생각의 폭이 넓은 것 같았다. 남편의 지원 없이는 대학에 가는 일이 쉽지 않았을 텐데 그 친구는 남편의 지지 속에서 4년제 대학에 등록을 하고 열심히 하고 있다. 뒤늦은 공부라 좀 힘은 들겠지만 아마도 그 친구는 잘해낼 것이다. 잘 나가는 지사의 지사장이라 다르구나 생각했고 그 친구 그냥 웃었지만 자신감이 넘쳤다. 50이 넘어서 50대의 중반에 들어선 친구의 용기 그리고 나를 발전시키기 위해 투자한 그 친구의 선택에 아낌없는 박수를 보낸다.

나도 작년부터 시작한 공부가 있다. 영업인 공부였는데 멘트와 고객을 대하는 노하우 그리고 여러 가지 몸동작, 억양, 말의 속도까지도 배우는 곳이었고 적지 않은 돈을 투자했다. 젊은 사람들과 섞여서 하는 공부라 따라가기 너무 힘이 들었고 젊은 친구들과 함께하는 학우회는 정말 힘들었다. 나이 많다고 봐 주는 일도 없었다. 그야말로 인정사정이 없었다. 처음엔 투덜대고 봐 달라고 했지만 벌칙도 똑같이 받았고 벌금도 내야 했다. 투덜대는 나에게 27살의 청년이 이렇게 말했다. "성공은 똑같이 하고 싶으시잖아요. 그러니 공부도 똑같이 하는 것이 맞아요. 숙제 많다고 투덜대시지 마세요." 라고 하는데 정말 미웠다. 뒤에서 그 청년의 욕도 많이 했다. 엄마뻘인 나에게 이렇게까지 해야 하나 싶을 정도로 냉정했다. 하지만 지금은 나와 친한 친구가 되었고 내가 힘들어 할 때면 달려와 개인지도까지도 서슴지 않고 해 주는 고마운 청년이다. 아마 그 청년이 없었다면 지금의 나의 모습은 없었을 것 같다. 그리고 글쓰기 공부를 시작했고 이렇게 글을 쓰고 있는 것이다. 세상은 나이 많다고 봐 주지 않았고 책을 내고 싶으면 글을 써야만 하는 것처럼 나를 움직이게 하는 것이 나를 향한 투자였다. 그리고 사업가의 마인드를 가진 사람들이 잘 하는 것은 외면에 투자하는 것이다. 나는 성형이라는 것이 나를 만족하지 못하는 사람들이 하는 것이라고 생각했고 나는 평생 하지 않아도 된다고 생각했었다. 내가 예쁘다는 이야기는 아니고 그냥 되는 대로 살면 되지 라는 생각에서였다.

그러나 누군가를 만날 때 제일 먼저 보는 것이 첫인상이 아닌가? 첫인상에서 사업가로 보이는 것은 정말로 중요한 일이다. 그것은 상대의 대접이 다르기 때문이다. 얼마 전 계절이 바뀌어서 옷을 사러갔었다. 물건을 구입하러 갔기 때문에 그곳에 일 하는 사람들로부터 후한 대접을 받아 가면서 옷을 구입했다. 많은 옷들을 입어보고 다른 옷을 가져와 봐라 여기에 권할 것이 무엇이 있는지 추천해 봐라 해가며 주문하기도 했지만 인상 한 번 찌푸리지 않고 내가 원하고 주문하는 대로 옷을 가져다주었다. 만족스러운 쇼핑이었지만 집에 와서 보니 그 옷의 단점이 보였고 그것 때문에 그 옷이 싫어져서 바꿔야겠다고 생각했다. 나는 옷을 사러 갈 때에는 대충 입고 갔지만 바꾸러 갈 때에는 더 많은 신경을 쓰고 갔다. 그랬더니 분명 내가 옷을 바꾸러 갔음에도 불구하고 잘 차려입은 옷 때문에 나에게 불평하지 않고 친절하게 내가 원하는 대로 해 주었다. 같이 간 일행이 나에게 바꾸러 가는데 뭘 그렇게 차려입었냐고 물었다. 옷을 사러 갈 때보다 더 신경을 써야 하는 것이 반품을 하거나 바꾸러 갔을 때라고 말을 해 주었다. 쇼핑을 마치고 나오는 나에게 "정말 그 말이 맞네. 대접이 다르더라." 나는 바꾸러 갈 때는 신경 안 쓰고 대충 입고 갔었는데 그때마다 입었냐? 안 입었냐? 뭐 물은 것은 아니냐? 같은 가격대로 바꿔가라는 둥 푸대접을 받았는데 정말 옷차림이 중요하네 라고 한다. 내가 지사장임에도 불구하고 우리지사의 대표인데도 편한 옷차림을 좋아했다. 평범한 옷차림을 하고 갈 때에는 지사장이라고 해도 호칭이 아줌마였다. 내가 나 자신에게 투자하게 되면서 옷 코칭을 받는데 조언대로 옷차림을 바꾸고 나니 나의 호칭이 변했다. 어느새 지사장님이라는 "○○님" 자를 붙이기도 하고 대표님이라고 하면서 깍듯이 대하는 것을 보았다. "옷차림에서 전문가의 냄새가 납니다. 깔끔해 보입니다." 로 사람들이 말하기 시작했고 대접이 달라졌다. 물론 내가 하는 일이 달라진 것은 아닌데도 불구하고 말이다.

이처럼 외면에도 신경을 쓰고 투자할 가치가 있는 것이다. 내가 옷차림을 바꾸고 나서 생긴 놀라운 변화는 만나는 사람들이 달라졌다는 사실이다. 대학 교수를 만나고 총장을 만나게 되고 인연이 되어 도움을 받기도 했고 여러 기업의 사장님들과 높은 직급의 사람들과 인연이 되기도 했다. 그렇기에 사업을 시작하거나 사업가의 마인드에 있는 사람이라면 외면에도 투자하고 신경 써야 하는 것이 맞는 것이다.

요즘 남자들도 화장을 하고 눈썹 문신을 하고 좁은 이마 때문에 왁싱을 해 깨끗한 이마로 만들기도 한다. 이것은 정말 바람직하게 흘러가는 것이라고 생각한다. 예전에는 남자가 무슨 화장을 해. 남자가 무슨 문신을 하고……. 더구나 이마가 좁다고 왁싱을 한다. 이것은 상상도 못한 일이었다. 요즘 생각이 많이 바뀌었다.

사업을 하는 사람은 뭔가 달라야 한다는 사실이다. 사람을 만남에 있어서 첫인상이 중요하기 때문에 외면에 신경을 써야 하는 것이다. 그렇다고 외면만 너무 신경을 쓰다보면 내면을 소홀히 할 수 있으나 잠시 이야기를 나눠보면 내면에 것이 드러나기에 내면은 외면 못지않게 아니 더 중요하게 발전시켜 나가야 한다. 내가 부족한 것이 있으면 배우고 또 코칭을 받는 것이 빠른 길이다 . 내가 옷 코칭을 받아보면서 느낀 점이다. 빠르게 변하고 싶다면 그 분야의 전문가에게 코칭을 받고 컨설팅을 받는 다면 내가 생각한 것 보다 빠르게 성장할 수 있는 길이기 때문이다. 그래도 직장인의 마인드로 살 것인가 아니면 사업가의 마인드로 살 것인가를 정할 시간이다. 500만원을 나에게 투자해서 1,000 만 원 아니, 그 이상을 벌수 있다면 어떻게 하겠는가? 질문하고 싶다.

성공을 부르는 1인 창업

1인 창업으로 지금의 나의 모습과 주위의 사람들의 이야기 속에 잘 나간다는 이야기를 듣는 현재 나의 모습을 토대로 이야기를 해 보기로 하자. 1인 기업을 찾고 싶다면 수많은 아이템 속에서 성공으로 가기 위한 기준을 세울 필요가 있다. 그중에 우리가 창업을 준비하는 과정에서 주의할 점이 있다. 오늘이라도 당장 시작할 수 있는 일은 멀리 하는 것이 좋다. 왜냐하면 다른 사람도 당장 시작할 수 있기 때문이다. 1인 기업이라고 해서 무턱대고 시작하는 것은 그 결과가 불 보듯 뻔한 일이다. 내 경험과 깨달음을 통해서 나만의 콘텐츠를 만들어서 다른 누구도 할 수 없는 것을 찾고 만들어야 하는 것이다. 흔히 우리가 이야기 하는 차별화 전략이다. 꼭 나이어야만 하는 이유가 명확해야만 누구도 따라오지 못하고 경쟁이 생기더라도 살아남을 수 있는 것이다. 내가 녹즙을 배달하면서도 체질공부를 해서 고객에게 맞춤 서비스를 하는 이유이기도 하다. 손쉽게 할 수 있는 일은 쉽게 접을 수도 있고 누구나 시작할 수 있기 때문에 경쟁상 대가 생길 우려가 많이 있는 것이기 때문이다. 더구나 1인 창업을 선호하는 이 유가 있다.

우리 동네에 ○○김밥집이 있다. 일하는 사람이 보통 주방과 홀에 4명이 근 무하고 있다. 메뉴도 굉장히 다양하다. 그렇다면 김밥집의 그 메뉴는 다 잘 나 가는 것일까? 모두 나가는 것은 아니지만 재료구입은 모두 해 놓아야하는 단점 이 있다. 그러다 보니 매출을 많이 올려야 수익구조가 맞아간다. 수입보다 지 출이 많으면 그 사업은 유지하기가 어려워지기 때문이다. 처음 사업을 시작하 는 사람이라면 1인 창업을 권하는 이유가 여기에 있다. 일하는 인건비만 해도 100만 원씩이라고 하면 400만 원 그리고 재료 구입비와 전기세, 수도세, 임대료 를 다 해봐도 대충 인건비 포함해서 600만 원정도 그것도 적게 잡아서 그 정도 이다. 그러면 수익을 계산하기도 전에 600만 원 이상을 벌어야 계산이 맞아가 는 것이다. 여기에 가게 보증금에 권리금까지 더 하면 그 계산은 기하급수적으 로 올라 갈 수밖에 없다. 그러나 1인 창업은 우선 인건비를 300만원을 줄일 수 있으니 똑 같은 방법으로 계산을 해도 200만 원 이상만 벌면 일단 마이너스는 아닌 것이다. 손쉽게 할 수 있는 일은 멀리하면서 일단 처음부터 거창하게 시 작하지 말고 1인 창업으로 부담을 줄여서 해 보면 좋다.

우리 동네에 같은 김밥집이기는 한데 야채가게와 함께하는 김밥집이 있다. 매일 야채를 구입해 오는 야채가게 이기에 신선한 야채를 싸게 사서 할 수 있 으니 얼마나 좋은가 그것도 바쁜 시간에는 일하는 사람이 두 매장을 서로 도와 가며 일을 한다. 김밥 한 품목만 있기 때문에 많은 재료 구입이 필요한 것은 아 니고 더구나 야채가게를 하니 장점이 많아서 금방 소문이 났다. 좋은 야채로 김밥을 싸니 맛이 좋다고 이런 소문이 나니 그 가게 김밥을 먹으려면 늘 줄을

서야 했다. 이 김밥 집은 작은 자투리 가게를 사서 했고 혼자서 하다가 지금은 일하는 사람이 4명이나 있을 정도로 열심히 하고 있다.

　나도 1인 창업의 선두주자이다. 우선 경험이 없었고 그러나 주위의 권유로 창업을 하게 되었는데 우선 경비 절감을 위해 최대한 줄일 수 있는 것을 줄였다. 처음엔 지하 주차장 한구석에 냉장고를 놓고 4층에 있는 집에서 전선을 연결해서 냉장고를 연결했다. 냉장고에는 잠금장치를 해 놓고 물건은 받았다. 임대료 걱정을 안 해도 되었고 냉장고도 내가 지사를 내게 되면서 원래 있던 용산지사는 본사로 들어가게 되어 냉장고가 필요 없어지기 때문에 나에게 주었다. 밑져야 본전이라고 이야기를 해 보았다. 본사에서도 이사를 할 것인가 아닌가에 대해 고민하더니 나에게 책상 컴퓨터. 냉장고 그리고 아이스박스까지 얻게 되었다. 주변에서는 행운의 여신이 나와 함께 하는 것 같다며 부러워들 했었다. 임대료 걱정도 안 해도 되고 비품을 다 얻는 바람에 처음 물량만 시키면 되는 아주 좋은 조건에 사업을 시작하게 되었다. 영업을 신고하고, 영업신고증을 받았을 때 기분은 이루 말할 수 없었다. 그도 그럴 것이 일단 많은 돈을 들이지 않았고 기존에 하던 곳에서 하면 되는 행운까지 얻었으니 나는 열심히 일만 하면 되었다.

　처음에는 분명 혼자였지만 차츰 영역이 넓어지고 개수가 많아지게 되니 자연히 사람을 구인하게 되었다. 어느새 조직을 갖추게 되니 사무실을 얻게 되고 하면서 진짜 사업하는 사람의 모양을 갖추게 되었다. 만약 처음부터 사람을 구인하고 사무실을 얻고 집기도 사고 했다면 자본이 없었던 나는 창업하기 어려웠을 것이다. 그런데 여러 도움으로 1인 창업으로 시작하다보니 부담감이 없어서 너무 편하게 사업을 시작하게 된 것이다. 오늘 당장 시작할 수 있는 아이템은 멀리하라고 했다면 이번에는 누구나 할 수 있는 일을 좀 멀리 하는 것이 좋다. 누구나 모두가 할 수 있다면 귀하지 않고 쉽게 구해지기 때문에 멀리하는 것이 좋다. 나부터도 쉽게 내 손에 들어오는 것은 누구나에게 쉽게 들어갈 수 있기 때문에 피하라는 것이다.

건강을 배달하는 이 녹즙사업의 매력은 고객이 찾아올 때까지 기다리지 않고 고객에게 찾아가는 서비스이다. 냉장고를 열어보면 어느 집이든지 건강식품이 자리 잡고 있다. 그리고 시간이 지나서 버릴 때도 있다고 한다. 왜 먹지 않을까? 그것은 챙겨주지 않는 일이기 때문이다. 누군가가 나를 위해 매일 건강을 챙겨서 녹즙을 챙겨준다면 아마도 손쉽게 매일 먹게 되는 장점이 있기 때문에 나는 이 사업을 시작하게 된 두 번째 이유이기도 하다.

성격이 좀 급한 나는 기다리는 것을 싫어한다. 기다리는 것 보다 찾아가는 것이 더 편했고. 건강을 챙겨주는 일을 내 적성에도 잘 맞았다. 내가 좀 오지랖이 넓어서 이야기하기도 전에 챙기는 것을 좋아하고 그렇게 많이 했다. 그러다 보니 고객에게 녹즙배달을 하면서도 고객들 집에 있는 건강식품이나 약들을 함께 챙겨주고 작은 것까지 챙기는 서비스를 하다 보니 고객에게 감동을 주어 인사를 받기도 한다. 심지어는 한약까지도 챙겨주는 일도 있었다. 한약이야기가 나왔으니 말인데 한약을 먹을 때 가장 고민이 되는 것이 무엇이 있을까? 일단 원산지 표시이다. 원산지를 알 수 없기 때문에 가장 걱정이 컸다.

심지어 어떤 분은 원산지 때문에 한약을 안 먹는다는 분도 보았다. 그리고 가격대가 만만치 않아서 부담스러웠던 것이 사실이다. 한약 한 재를 먹고 나면 보통은 더 먹으라고 할 때가 많고 한약 한 재를 다 먹는데 빠뜨리고 잘 못챙길 때가 많아 고객들이 그런 불편사항을 나에게 이야기하기도 했다. 그리고 마지막으로 효과가 언제쯤 나오는지 알 수가 없다는 것이다. 이것이 문제이고 이것을 고객에게 이야기 하고 질문하고 나니 고객들이 맞아 맞아 하면서 공감을 한다. TV에서 야채가 많이 나올까요? 아니면 한약이 많이 나올까요? 생야채를 많이 먹으라고 하는 이유는 뭘까요? 하루에 필요한 야채를 모두 섭취하고 계세요? 이런 질문들이 고객이 고민하고 힘들어 하는 것이었기 때문에 고객의 만족을 불러일으켜서 고객이 점점 늘어나고 있는 추세다. 100세 시대에 가장 관심사가 건강하게 오래 사는 것 이것이야말로 우리가 고민해야 할 것이기에 내가 한 사업은 시대를 앞서 나갔으며 지금의 트렌드이기도 한 것이다. 1인 창업을 꿈을 꾸고 시작하고 싶어 하는 이들이 있다면 위에서 이야기 한 두 가지를 명심해야 한다.

1. 오늘 당장 시작할 수 있는 일은 좀 멀리 해라.
2. 누구나 시작할 수 있는 일이라면 좀 더 신중하기 바란다.

자본이 없다고 주저앉아 있지 말고 주변을 돌아보고 공부하고 세미나를 들어서 귀를 열어놓고 컨설팅을 받고 시작한다면 성공할 수 있다. 특히 경력이 단절된 여성이거나 주부로만 살아온 내 인생이 허무하다면 무언가 시작해라! 그런데 자본이 없다면 1인 창업을 생각하고 먼저 도전해 보라! 우리에게는 살아온 날들보다 살아갈 날들이 더 많다는 사실을 잊지 말자.

말을 포장하라

오늘은 고객으로부터 롤 모델이라는 말을 들었다. 같은 여성으로 아이를 키우면서 자기 발전을 위해 공부를 하고 카페를 관리하고 블러그를 운영하고 강의도 하는 내 모습을 보면서 "어쩜 저렇게 활기 차지?" 라고 생각했다고 한다. 이야기를 나누면서 책을 쓴다고 했더니 더욱 놀란다. 그러면서 롤 모델이란다. 나보다 많이 배우고 MBC 방송국 같은 좋은 직장을 다니고 있으면서 배달을 업으로 삼고 있는 나를 보고 롤 모델이라니 정말 놀라웠다. 놀랍기만 한 것이 아니라 하루 종일 기분이 좋았고 뿌듯했다. 아이들에게 자랑하니 아이들은 "우리 엄마가 좀 그래." 하면서 너무 좋아한다. 그분의 말 한마디가 나와 온가족을 행복하게 했다. 그러면서 생각해 보니 말이 참 중요하구나 싶다. 더구나 영업에 있어서 멘트에 갈증을 안 느껴본 사람은 아마도 한 사람도 없을 것이다.

영업을 하면 할수록 부족하다고 느끼는 것이 멘트이고 멘트가 잘 나가면 그

날 영업도 잘 되었다. 일단 진심이 묻어나는 말을 해야 한다. 누구를 만나든 무엇을 하든 간에 가식은 얼마가지 않는다. 진심이 묻어나는 말을 하게 되면 사람들이 진실성 있게 받아주고 진실성 있는 사람들로 주변에 가득 차게 된다. 한 마디 말로 천 냥 빚을 갚을 수 있다면 해야 할까? 아니면 하지 말아야 할까? 말에 대한 기술은 배우고 또 배워도 부족함이 없다. 내가 옷 코칭을 받고 있다고 소개한 적이 있다. 배웠으니 자연스럽게 배운 것을 실천으로 옮기다 보니 내 옷차림이 서서히 바뀌어가고 있었다. 사람들이 묻는다. 예전과 달라졌어요. 옷차림이 바뀌었다고 예쁘다고 한다. 어떤 사람은 옷차림 하나로 사람이 전문가로 보인다고 했다. 그 분은 직업에 맞게 아니 직함에 맞게 옷을 입어야 한다고 내게 말했었다. 그분이 시키는 대로 했더니 오늘 이 칭찬을 듣게 된 것이다. 그러면 자연스럽게 말한다. 아, 네. 저는 어떤 분에게 옷 코칭을 받고 있어요. 그분 덕에 제 옷차림이 바뀌었답니다. 나의 자연스럽고 진심이 담긴 이야기에 그 분의 연락처를 묻고 또 코칭을 시작하는 분들이 많아졌다.

진심은 통한다고 했던가? 무슨 말을 하든지 진심이 담겨있지 않으면 속내를 금방 알아차리게 되고 상대하기 싫어진다. 누구를 대하든지 진심으로 대하는 것은 매우 중요하다. 그 다음은 말을 예쁘게 포장할 수 있어야 한다. "옷이 예뻐요." 라는 말은 "예쁘다." 로 끝날 수 있지만 구체적으로 포장하는 기술이 필요한 것이다. "고객님의 옷을 보니 봄바람 냄새가 나는 것 같이 싱그러워요. 어쩜 옷이랑 분위기가 잘 맞으세요! 어쩜 봄바람과 같이 금방 꽃향기가 날 것 같아요. 옷이랑 분위기가 정말 잘 맞아요." 라는 말을 섬세하게 표현함으로써 고객은 내 진심을 알아보게 되고 좋아한다.

"100세 시대에 건강은 기본이죠? 건강해야 무엇이든지 할 수 있어요. 이거 한 번 드셔보세요." 건강식품 판매하는 사람의 멘트이다. 이렇게 바꿔보면 어떨까?

"핸드폰 얼마나 쓰세요? 많이 쓴다 해도 5년도 못쓰죠? 요즘 핸드폰은 2년-3
년 지나면 수명이 다하는 것 같아요 5년도 못쓰고 버릴 스마트폰을 보호하겠
다고 3만 원 이상을 들여서 핸드폰 케이스를 사잖아요. 100세 가까이 살면서
나와 함께할 내 몸을 위해서는 얼마를 투자하세요? 한 달에 4만 원이 결코 많은
금액은 아니죠?"

이렇게 바꾸면 좀 포장이 되었을까? 사람들은 직선적으로 말하면 불편해 한
다. 나부터도 직설적으로 말하면 싫다. 그러니 고객들도 좀 돌려서 이야기 하
고 내가 하는 이야기를 예쁘게 포장할 수만 있다면 그 포장 속에 감추어진 것
이 더 소중하지 않을까? 이해를 돕기 위해 또 다른 예를 들어보기로 하자.

"지난주는 엄청 피곤했어요. 밥 먹을 시간도 잊을 정도였어요! 에너지 드링
크를 물보다 더 마셨던 것 같아요!"

힘들어 죽을 것 같다는 말을 하지 않아도 에너지 음료를 물보다 더 마셨다는
말에 피곤하고 바빴음이 들어있다. 말하는 사람이나 듣는 사람 모두가 편안하
게 듣게 되는 것이다.

"어제 정말 힘이 많이 들었다니까? 어제 밤에 배가 아파서 혼났거든. 11시가
넘었는데 편의점에 가서 약을 사 먹고 살았잖아. 얼마나 아팠으면 그 시간에
편의점까지 갔었겠냐? 우리 동네 편의점이 좀 멀리 있는 것 알지?"

이런 식으로 말이다. 자세하게 설명하다보니 아픔이 전달되고 정말 많이 아
팠구나 공감을 사게 되는 것이다.

누군가에게 길 안내를 한다면 어떻게 하는가? "이쪽으로 쭉 가다가 우회전
좌회전 하면 됩니다." 보다는 다음과 같은 설명이 좋다. "이쪽으로 50미터 가시
면 오른쪽에 편의점이 나옵니다. 편의점 끼고 우회전하구요. 다시 20미터쯤 가

시면 예쁘다 미용실 나와요. 그 집 옆집이 목적지입니다."

아주 상세하게 설명을 하다 보니 상대는 찾기도 쉽고 틀리지 않고 찾아 갈 수 있는 것이다. 고객에게도 이렇게 말하면 되는 것이다. 꼼꼼하고 세심하게 설명하고 묘사해야 하는 것이다. 센스 있게 멘트를 하면 제품의 재구매율이 92%다. 10명이 샀다면 9명은 다시 살려고 연락이 온다. 연락이 또 온다는 것은 무슨 의미인지 잘 알 것이다. 10명이 시작하면 9명은 성공한다.

이렇게 좀 더 쉽게 풀어서 고객에게 말하게 되면 만족도를 높이는데 좋을 것이다. 자잘하고 세심하게 설명을 하되 가장 중심을 두어야 할 것은 얼마나 많은 걸 설명하느냐보다는 중요한 것은 하나라도 좋으니 스스로 관심을 갖도록 하는 것이 가장 유익한 방법이다.

얼마 전 화장실에 갔는데 이런 글이 붙어 있었다.

"화장실 바닥에 침 뱉지 마세요."

그런데 우연히 들린 다른 화장실에는 이렇게 적혀 있었다.

"이 화장실을 도맡아 청소해 주는 이모님이 한 달에 파스만 열 팩을 구입한다고 합니다. 이모님의 무릎이 더 이상 고생하지 않도록 바닥에 침을 뱉지 않도록 해 주세요."

어떤 쪽이 반응이 더 좋았을까? 당신이 생각하는 것과 별반 다르지 않다. 같은 뜻을 가진 말이라고 할지라도 어떻게 표현하느냐에 따라 반응의 차이가 있다. 이것은 현장에서 일을 하면서 내가 느끼게 된 것이고 말을 예쁘게 포장하다 보니 고객의 반응이 달라져 좋은 결과에 좋은 평가까지도 받게 되었다. 말을 포장하는 기술은 아주 고급 기술이라고 할 수 있다.

관계 속에 존재하는 3가지 규칙

게임을 즐기려면 그 게임의 규칙을 알아야 더 흥미롭게 볼 수 있다. 모든 게임에도 규칙이 필요하지만 성공적인 클로징을 해내는 데에도 규칙이 필요하다.

장점을 부각시켜라

예를 들어, '업종 특성상 사람을 참 많이 만난다.'라는 말을 넣으면 경험이 많다는 것을 어필할 수 있어 도움이 된다. 또 한 분야에 20년이라는 한 우물을 판 사람이라면 그만의 특별한 것이 있지 않을까. 끈기와 신념이 있고 그 분야에 전문가로서 대우 받으니 자연스럽게 장점을 부각시키게 된다.

그런데 우리나라 사람들은 겸손이 미덕이라고 생각하고 자신의 장점을 부각시키는 일을 멀리했다. 그것은 사업을 하는 사람으로서는 큰 손실이기도 하다. 그래서 나는 스스로를 이렇게 소개하기도 한다. "건강에 관심이 있어서 가족들을 어떻게 하면 건강하게 할까를 생각하다가 직업이 되어 한 분야에 20년의 경력을 가지고 있습니다. 비가 오나 눈이 오나 식구들 챙기는 것을 업으로 삼다보니 고객이 식구가 되어 지금은 너무 많은 식구들이 있지요. 그중에는 방송인도 있고, 아나운서도 있고, 국장님도 있고, 회사 대표님도 있고 학교 총장님들도 있습니다. 건강에 관심이 많다보니 건강에 관해서 공부하게 되었고 더구나 체질로 그 사람에게 맞는 녹즙을 골라주니 효과도 좋아요. 혹시 야채도 체질에 맞게 먹어야 하는 것을 알고 계세요?' 라고 말이다. 이렇게 나 자신을 어필하다 보니 전문가로 보여 지고 상담을 하는 사람들이 많아졌다. 요즈음은 자신의 광고 시대라고 하니 자기 자신의 장점을 부각시키고 어필하는 것은 사업에 필수적이다.

비교군을 만들어라

매일 챙겨주는 녹즙을 한 달간 마시면 4만 원 정도한다. "한 달에 얼마에요?" 하는 질문에 "4만 원입니다." 하면 "비싸요." 라고 말한다. 물건을 사는 사람은 그것이 얼마든 비싸다고 한다. 길에서 1,000원하는 양말을 보면서 "비싸요." 라고 한다. 같은 양말을 편의점에 가서 사면 1,500원에서 2,000원을 주어야 한다. 편의점에서는 비싸다는 말을 하지 않지만 길에서 1,000원에 파는 양말에는 비싸다. 덤으로 하나를 더 달라고 한다. 그럴 때 나는 이렇게 말한다. "요즈음 한약 한 재 지으면 얼마나 하나요? 라고 하면 30만 원에서 40만 원 정도 합니다. 그러면 그 한약을 얼마나 드시나요? 15일 정도요. 그 한약의 효과는 언제쯤 나오나요? 아마도 서너 달 후에나 나오죠?' 라고 한다. 한약에 비교해서 말하니 비싸다는 말은 하지 않고 계약하게 된다. 이렇게 비싼 비교군을 비교해 주면 비싸다고 말하지 않으니 편하게 클로징에 성공할 수 있다.

상상으로 그림을 그리게 해라

젊고 예쁜 남녀가 교제를 하고 있는데 여성은 결혼에 관심이 없고 남성은 결혼하고 싶은데 여자가 부담을 느낄까봐 속만 태우고 있어 이렇게 해보라고 했다.

"우리 만약에 여행을 간다면 어디가 좋을까? 넌 동남아가 좋아? 아니면 유럽이 좋아?" 이렇게 물으면 만약이라는 단서 때문에 그 여성은 편안하게 상상할 수가 있다. 그 말 속에 남자의 속내도 포함되어 있으니 여성의 표현을 보면 그녀의 마음도 알 수 있지 않을까? "그 여행, 나와 함께 가지 않을래?"와 "결혼해서 우리 신혼여행으로 유럽 가자."보다는 부드러우면서 성공률을 높일 수 있을 것이다. 녹즙과 같이 건강식품이라면 건강했을 때 생기는 좋은 점을 말하고 상상하게 하는 것이다.

이처럼 규칙을 만들고 그 규칙을 지켜나가면 성공률 높은 사업을 이어 나갈 수 있을 것이다. 이것이 모든 사업뿐만 아니라 인간관계에도 적용되는 것이니 우리는 연습하고 다듬을 필요가 있는 것이다. "말 한 마디로 천 냥 빚을 갚는다." 있다는 옛말이 있는 것처럼 말을 어떻게 하느냐 표현 방법에 따라 결과는 무척이나 다를 수 있다는 것을 명심하자.

마치는 글

내 인생에서 겪은 것이 뭐가 그렇게 대단하다고 글을 쓴다고 하니 주변에서 많이 말렸다. 격려해주지 않는 그들이 야속할 때도 있었지만 그만큼 내 인생이 그렇게 내 놓을 만한 것이 없었다. 그러니 그 말을 듣는 것이 당연하다. 어느 날 딸아이가 말했다.

"엄마, 나는 엄마가 대단하다고 생각해. 엄마는 긍정적이고 추진력도 있어. 엄마처럼 될 거야."

쿵 심장이 내려앉는 것 같았다. 나는 내가 가장 잘 아는 것인데 내놓을 것 하나 없는 사람인데. 아, 큰 일이다. 이대로 있으면 안 되는데……. 그렇지만 딸아이의 말에 힘을 얻었다. 더 좋은 엄마, 대단한 엄마의 모습을 아이들에게 보여주고 싶다는 생각이 나를 움직이게 했다.

그래서 글쓰기에 도전하게 되었다. 내가 겪은 아픔, 슬픔, 괴로움을 통해 누군가 위로를 받을 수 있을까? 누군가에게 힘이 될 수 있을까? 단순히 사람이 좋아하고 내 할 일을 열심히 했을 뿐인데 할 수 있을까?

50이 넘어서 내 인생에서 있었던 일을 돌이켜보면 크게 내세울 것이 하나도 없다. 배움도 짧고 그저 베짱이보다 개미이기를 선택하고 꾸준히 한 길 인생을 살아왔다. 눈이 오고 비가 와도 그곳 영업의 현장에 있었고 교통사고가 나도 암을 겪어도 그 영업의 현장에 있었다.

책임지고 싶었다. 아무리 힘들어도 세 아이의 엄마라는 자리를 포기할 수 없었다. 아이들의 맑고 검은 눈동자를 바라볼 때마다 또 천사와 같이 곤히 잠들어 있는 예쁜 세 아이의 엄마 자리다. 그래서 무거운 몸을 일으켰고 아픈 다리를 질질 끌며 떠지지 않는 눈을 비비며 일어섰다.

암을 겪으며 내게 선물처럼 와준 시간들 앞에 당당하게 말하고 싶었다.

"시간을 아깝지 않게 썼어요."

위대한 대한민국의 엄마들에게 나와 함께하지 않겠냐며 소리치고 싶었다.

"내가 미약하지만 같이 손잡아줄게요. 함께 도와 줄 테니 힘내세요. 포기하지 말아요. 늦지 않았어요. 함께해요."

우리들의 삶속에 정말로 많은 일들이 생겨난다. 그리고 해결되고 사라진다. 그 고통이 그때는 죽을 것 같지만 지나간다. 그때 함께 해 주고 싶었다. 50이 넘고 보니 내편이 얼마나 중요하고 필요한 지 깨닫는다. 중요한 순간에 내게 필요한 내편, 당신에게 그런 편이 있나요? 당신의 편이고 싶어요! 이런 생각으로 이 글을 쓴다.

녹즙 약 20년의 경력을 가지고 뭐 그리 할 말이 많을까 싶지만 그 동안에 현장에서 보도 듣고 배우고 교육시키고 함께 발전해 나갔다. 첫 월급 23만 원을 받던 내가 이제 이렇게까지 성장했고 방송에도 출연하게 된 것은 한 우물만 줄

기차게 파고 꾸준히 열심히 노력하고 발전해 왔기에 가능했다. 나도 새벽에 일어나는 것이 쉽지 않았고 남들 쉴 때 같이 쉬고 싶었고 여행도 가고 싶었다. 아이들이 사춘기를 맞을 때 사느라 바빠서 제대로 챙기지도 못했다. 그런 나를 대단하다고 칭찬하는 아이들을 보면 내가 정말로 많은 성장을 했구나 싶다.

내가 많은 사람들로부터 사랑과 격려를 받은 것처럼 나도 뭔가 하고 싶었다. 그것이 '소중한 내편' 이었다. 이 글을 쓰는 내내 제대로 가는 것인지 알지 못했다. 그러나 '소중한 내편이고 싶다.'는 목적지는 분명했다. 오늘도 나는 세 아이의 편이고 우리 직원들의 편이고 대한민국 용기 있는 엄마들의 편이고 싶다.

어릴 적 아버지의 병원비를 벌기 위해 새벽시장을 달리며 가정경제를 책임지고 있는 분들에게 내 글이 그들의 편이 되고 싶고, 불우한 환경에 좌절하고 아파하고 자격지심에 시달리고 있는 사람에게 내 글이 그들의 편이고 싶다. 또 시댁과의 갈등으로 힘들어하는 사람, 병중에 있는 남편을 둔 여성 가장들에게 내 글이 힘이 되었으면 좋겠다. 아이들에게 용기를 주며 양육하는 부모님들에게 그 무엇보다도 지금 당장 아무것도 없이 무엇인가 시작하고 싶다면 이 글이 도움이 되었으면 좋겠다.

특별한 인생은 아니지만 살림만 하던 주부가 첫 월급 23만 원 받던 주부가 이제 12명의 직원들과 함께 한 많은 것들을 써보려고 했다. 이것이 어떤 도움이 될지는 알 수가 없으나 도움이 되기를 소망한다.

감사합니다.

사랑합니다.

축복합니다.

작은 내 사업 성공으로 이끄는 영업의 기술

초판 1쇄 발행 ㅣ 2019년 4월 15일

지은이 ㅣ 노현숙
펴낸이 ㅣ 공상숙
펴낸곳 ㅣ 마음세상

주 소 ㅣ 경기도 파주시 한빛로 70 515-501

출판등록 ㅣ 2011년 3월 7일 제406-2011-000024호

ISBN ㅣ 979-11-5636-323-1 (03190)

원고 투고 ㅣ maumsesang@nate.com

ⓒ노현숙, 2019

* 값 13,400원

* 마음세상은 삶의 감동을 이끌어내는 진솔한 책을 발간하고 있습니다. 참신한 원고가 준비되셨다면 망설이지 마시고 연락주세요.

이 도서의 국립중앙도서관 출판예정도서목록(CIP)은 서지정보유통지원시스템 홈페이지(http://seoji.nl.go.kr)와 국가자료종합목록시스템(http://www.nl.go.kr/kolisnet)에서 이용하실 수 있습니다. (CIP제어번호 : CIP2019009861)